Édouard VIOLET

Sonnets Humains

—

Chants Symboliques

IMPRIMERIE GÉNÉRALE DE RENNES

1930

Sonnets Humains

———

Chants Symboliques

Édouard **VIOLET**

—

Sonnets Humains

—

Chants Symboliques

IMPRIMERIE GÉNÉRALE DE RENNES

—

1930

Préface

Je vais donner la vie, ainsi que la parole,
A des abstractions, à divers sentiments
Qui nous touchent de près, en lutte à tous instants.
Je montre l'existence en un constant symbole.

Ici vont défiler l'Indifférence molle,
Le Penseur, la Pitié, l'impitoyable Temps,
La Fantaisie et l'Art, la Mode se baignant,
Le Poète adoré, la Muse qui console.

Le début de ce livre est plus sévère encor.
Je prends l'homme qui naît, le suis jusqu'à sa mort,
En vingt petits sonnets de l'épopée humaine.

C'est peu pour le sujet. L'ai-je mis en valeur?
Peut-il intéresser? En suis-je pour ma peine?
Dans tous les cas c'est court; patiente lecteur.

Sonnets Humains

Sonnets Humains

NAITRE

Grain fécond de l'amour, qui te fit le premier?
Atome d'inconnu, dans ta marche certaine,
Tu t'es perpétué, de terre en terre humaine.
Tu prends forme et grossis dans le sol nourricier.

Vous qui venez au jour, sans vous en soucier,
Prenant force au repos, pour entrer dans l'arène,
La lutte vous attend, la lutte avec la peine.
Innocents de tout mal il vous faut expier.

La voûte ténébreuse est par vous traversée.
La raison vient trop tôt allumer la pensée.
Homme tu dois savoir ce que sera ton sort.

Profite des rayons d'un beau jour qui se lève,
Ignorant d'où tu viens, sans chercher l'après-mort
Ton cerveau doit s'éteindre ; où s'en ira ton rêve?

LA VIE

—

Equilibre ta vie et chasse l'ignorance,
Cherche ses bons côtés, sais bien les conserver,
Fuis le bas terre à terre, arrive à t'élever,
Ne pleure pas trop fort, mais sans l'indifférence.

Si tu te vois bien triste, au jour de la souffrance,
Si le mal qui t'étreint ne fait que s'aggraver,
Pense qu'un jour heureux s'apprête à te sauver.
Le contraste est bonheur; l'avenir, espérance.

Dans la vie, en tous sens, nous devons rechercher,
Sans sonder l'inconnu, ce qu'on peut en toucher.
Elle ne change pas, l'homme n'en est pas maître.

La joie ou le chagrin, chaque chose a son tour,
Elle sera toujours, ainsi qu'elle doit être :
Les devoirs, les plaisirs, le travail et l'amour !

LA PENSÉE

La terre est bien petite avec l'immensité.
L'homme, plus faible encore, en a fait son domaine
Et l'effort cérébral de sa pensée en peine
Est le puissant levier de son activité.

La raison, simple graine, aux temps d'obscurité,
Germa dans les cerveaux d'une époque lointaine.
L'étincelle jaillit, devint lumière humaine
Et l'œuvre se fit grande aux rayons de clarté.

La pensée a son masque, en son rêve endormie,
S'enténèbre dans l'ombre, au soir de la folie
Et, basse, s'accroupit dans le chemin boueux.

Mais, dans l'air embaumé des cimes éternelles
De génie et beauté, d'idéal radieux,
Triomphante elle plane, en déployant ses ailes.

LA LUTTE

La lutte continue est essence de vie.
L'élément quel qu'il soit est forcé de lutter
Contre d'autres luttant aussi pour subsister.
Pas d'arrêts dans le temps et jamais d'accalmie.

C'est lutte d'ouragans, d'éléments en furie ;
C'est lutte, au jour le jour pour pouvoir exister,
Croître, penser, mourir. Le puissant veut dompter
Le faible qu'il écrase et c'est la guerre impie.

Du besoin de combat est fait l'activité,
Amenant le bien-être et la prospérité !
De l'effort de chacun tout le monde profite.

Le penseur met au jour son effort cérébral.
A le mettre en valeur le travailleur s'acquitte
Et l'action de tous fait le bien général.

LA SOUFFRANCE

Que de cris sur la terre! Avez-vous entendu?
Ce sont les durs sanglots de la souffrance humaine.
Au physique, au moral, la douleur se promène,
Tenaillant chair et cœur dans notre être éperdu.

Elle est le triste lot de chaque individu,
Du riche au miséreux, du simple au phénomène.
Elle règne partout, immense est son domaine.
Pouvoir triompher d'elle est un problème ardu.

Pensez, docteurs, savants, montrez-vous doux apôtres,
Agis tendre pitié, pour les miens, pour les autres,
Et le mal de souffrir se fera moins brutal.

De l'angoisse du corps on verra la défaite
Par des soins de génie. Un vent sentimental
Poussera le chagrin dans l'azur tout en fête!

L'ILLUSION

—

Brillante Illusion, vieille comme la terre,
Mais restant toujours jeune, adorable en fraîcheur,
Tu passes près de nous pour voiler la douleur.
Ton baiser est exquis, la vie est moins amère.

Tu dores les lambris des logis de misère,
Embellis le printemps, avives la couleur.
Tu rends l'amour fidèle, en le montrant meilleur
Et fais voir la durée au bonheur éphémère.

Le ciel en feu s'enflamme, un beau jour va venir.
Au soleil radieux, tu chantes l'avenir,
Qui s'éveille joyeux, dans la nature en fête.

Tu te prodigues toute et fais sécher les pleurs,
Dans les rayons d'espoir que partout tu reflètes.
Le mal est dans l'oubli, la joie est dans les cœurs !

LE DOUTE

—

Depuis bien des mille ans, vers le ciel étoilé,
Le regard angoissé de la pensée humaine
A sondé l'au delà. Mais l'espérance est vaine,
Le ciel s'est fait muet et demeure voilé.

Sur notre être et son but rien ne s'est révélé.
Les penseurs ont fléchi. Tous en sont pour leur peine,
Le problème est intact, sans vision lointaine,
Et pourra-t-il un jour être même frôlé?

La seule certitude est encore le doute.
Dans la brume, à sa fin, poursuivons notre route,
En ses nombreux détours, en sa rapidité

Avançons résolus, sans tomber dans l'ornière.
Au domaine réel la vie a sa beauté,
Ses larges horizons; laissons là le mystère.

MENS SANA IN CORPORE SANO

Fais ton âme bien saine avec santé du corps,
Donne-toi sagement de bonnes habitudes,
Sais bien te dominer, fuyant les turpitudes
Et, tenace, poursuis le plus utile effort.

Protège la faiblesse à l'encontre du fort,
Arrive à soulager la misère trop rude,
Résigne-toi, s'il faut. En pleine quiétude,
Bravement et toujours, envisage la mort.

Par le plus droit chemin, mène ton existence
Avec simplicité, conserve l'espérance.
Sans chercher l'inconnu, sais vivre le présent !

Tâche d'en retirer tout le bien nécessaire
A tes justes désirs, puisque, fatalement,
Sans être consulté, tu naquis sur la terre.

LA CONSCIENCE

Sublime conscience éclaire notre vie,
En projetant tes feux, toi, le grand phare humain.
Tu frémis dans les flots et te trouves atteint
Par la vague atavique et les vents de folie.

Tes murs se sont creusés avec l'intempérie,
Les tiens te gardent-ils, de toi prennent-ils soin ?
Ton feu brille toujours mais le port est bien loin ;
Conduis le frêle esquif dans la mer en furie.

Par sauts tu fus créée aux étapes du temps,
Pour la vie en commun, aux besoins du moment.
Tu diriges notre être, humaine conscience !

Mais quand l'universelle, à l'immense lueur,
Brillera-t-elle enfin dans toute sa puissance,
Rayonnant sur le monde et le rendant meilleur !

LA MORT

'Avons-nous eu déjà, dans un passé lointain,
Une très vague vie, avant notre naissance,
Et sommes-nous hantés par des réminiscences,
Le regret d'un passé, qui sourdement revient.

Nous devons jusqu'au bout subir notre destin.
La mort est une suite à l'être, à sa naissance,
A son plus bel essor, puis à sa déchéance.
Elle est suite toujours. Est-elle suite et fin?

Plantes, bêtes, humains, ont la même harmonie.
Leur beauté s'égalise. Ont-ils tous la survie
Et chaque forme a-t-elle un esprit dans un corps?

Il paraît animer, diriger la matière.
En est-il différent? Vit-il après la mort
Lorsque la masse inerte est tombée en poussière?

LA FORCE

La force triomphante et comportant la guerre,
Supprime tous les droits, les mœurs, la liberté,
Les groupements aimés et, sa brutalité
A ses effets sur tous et partout sur la terre.

C'est le droit du plus fort qui fait notre misère.
Il succombe à son tour et se trouve dompté.
Dans l'espace du temps, de toute éternité
Ce n'est pas là le droit ce triomphe éphémère.

Les hommes comprendront enfin l'absurdité
De leurs façons d'agir. Le bon sens, l'équité,
A la longue, seront la conscience humaine.

L'élite sera nombre, aura l'autorité,
Triomphera du mal et, maîtresse sereine,
La force soutiendra le droit incontesté!

L'INÉGALITÉ

Homme ne pense pas avoir grande envergure.
Insectes, végétaux, animaux, genre humain,
Tout se meut ici-bas, dans un sort incertain.
Rien n'est vraiment pareil, égal en la nature.

La force, la beauté, le temps, tout se mesure :
L'inférieur, l'homme sain, le savant, le crétin.
Chaque homme est différent et le sera demain.
La Fatalité fait la pauvre créature.

Rien ne sert sur les murs d'inscrire égalité,
C'est un triste mensonge en sa naïveté,
Quand tout est opposé : le bonheur, la souffrance.

Paria notre frère, on ne peut t'apporter
Ni le cerveau, la force, aucun don de naissance,
Mais comptes bien sur nous, pour t'aider à lutter.

L'ÉGOISME

L'égoïsme normal a toujours existé.
L'homme, pour ses besoins et pour son existence,
A lutté, lutte encore et doit sa survivance
A son amour du moi, dans sa ténacité.

Mais l'égoïsme outré, confit en âpreté,
Voulant le superflu, ce moi de jouissance,
De tous les appétits, de grande suffisance,
Est le chancre rongeur de notre humanité.

Suivant les intérêts du plus bas réalisme
Il va du triste sire au moderne arrivisme.
Il est le promoteur du mal qui nous atteint.

Mais il faut voir aussi les beautés de la vie,
Tous les moi s'ignorant que le devoir retient,
Héros du dévouement, héros de la patrie !

LA VOLONTÉ, L'HABITUDE

L'homme subit souvent des sens le despotisme.
Les méfaits du cerveau, les ferments de son sang
Poussent son faible corps à l'acte répugnant :
Il revient à la bête, au fangeux atavisme.

Le milieu corrupteur, les relents d'alcoolisme
Déséquilibrent l'être ; il s'en va s'écroulant.
La basse passion le domine et le prend.
La conscience a peur, va quitter l'organisme.

Homme relève-toi, quitte l'air empesté.
A qui ne veut croupir, reste la volonté,
Celle qui sait vouloir, qui triomphe du vice.

L'habitude énergique, en l'effort répété,
Est maîtresse ici-bas. Dans l'être elle se glisse,
Conduit l'esprit au cœur et refait sa santé.

LA SOLIDARITÉ

La solidarité fait une œuvre féconde.
Les hommes unissant tous leurs efforts entre eux,
Bien du mal s'en ira, tous seront plus heureux.
La souffrance est en nous, sa racine est profonde :

Il faut de chauds rayons, que le bien-être abonde,
Moins d'inégalités, jamais de miséreux,
Des soins pour les petits, des égards pour les vieux,
Travailler, s'entr'aider et s'aimer en ce monde.

La suprême indulgence et la grande bonté,
La pitié qui prévoit avec sa charité
Sont les purs sentiments renfermés dans notre être.

Ils remplissent les cœurs dans notre humanité.
Egoïsme infécond tu devras disparaître
Et partout régnera la solidarité !

LA DESTINÉE

Souvent le mal nous vient du fait de la nature
En dehors de celui causé par les humains,
C'est la fatalité. Ses inflexibles fins
Ne laissent pas d'espoir et broient la créature.

Cherchons à nous défendre en la juste mesure
Du pouvoir de notre être et de tous ses moyens.
Devant l'irrévocable et les malheurs certains
Il faut nous incliner, en sages, sans murmure.

Le bonheur, quelquefois, peut aussi nous trouver :
Il faut le prendre à pic, savoir le conserver.
Il vient par la porte et sort par la fenêtre.

Bien que nous soyons peu dans l'état général,
C'est l'énorme pour nous, il s'agit de notre être
Qu'il nous faut préserver, c'est notre capital !

LE PROGRÈS

Des acquits du passé, de toute expérience,
Le progrès s'est formé. Des sursauts en avant
Ou de brusques arrêts, et l'enténèbrement
Le font monter, stopper dans son incohérence.

Nous avons les bienfaits que donne la science,
Mais c'est aussi la guerre et le grand armement.
Le progrès destructeur du monde s'effritant
Nous rend-il plus heureux avec moins de souffrance?

Sans cesse du nouveau, vouloir se surpasser,
L'homme sent le besoin de toujours progresser,
Que ce soit vers son bien et vers son équilibre.

Il faut, chassant au loin tout le progrès d'horreur,
Que tout cerveau travaille et que tout homme vibre
Pour l'idéal rêvé d'un avenir meilleur!

LE SURNATUREL

Le pâtre puisa l'eau qui devint jus de treille.
Dans l'antique château, le treize, un vendredi,
Sortant de son tombeau, le squelette gémit.
C'est la femme, en son lit qui, chatte, se réveille.

C'est le miracle enfin, l'incroyable merveille,
Le conte à nos enfants. Bien des hommes aussi
Qui fermeront les yeux devant fait accompli,
Y croient aveuglément quand leur cerveau sommeille.

Des faits, des racontars, grossis avec le temps,
Sans être contrôlés, des intérêts, l'argent,
Le miracle est créé, devient une croyance.

Rien n'est surnaturel. Ainsi qu'un sombre four
Se montre la nature, à nous dans l'ignorance.
Les faits inexpliqués s'expliqueront un jour.

LA FÉCONDATION

—

L'amour fournit le grain sur lequel tout se fonde.
Il est le précurseur de tout ce qui naîtra.
La nature s'observe et rien ne finira
De ce qui vit, respire et se meut dans le monde.

Les oiseaux dans leurs nids et les poissons sous l'onde,
Les plantes, l'homme aussi, tout se perpétuera.
Sous les feux du soleil le froment germera
Dans le sein complaisant de la terre féconde !

La mort a ses débris, et la fécondité
Fait de nouveaux tissus des ferments azotés.
La source de la vie s'écoule inépuisable.

Pour tous les êtres nés, dans les hasards du temps,
Que peut représenter le bonheur vraiment stable,
Et le mal de souffrir compte-t-il pour autant ?

VERS LA LUMIÈRE

Le jour n'a pas paru, la nature est muette,
L'heure marche toujours. Une pauvre lueur
Tremblote en notre nuit d'hivernale froideur
Et l'ombre du passé faiblement se projette.

Le pâle lumignon qui vacille et végète
Deviendra-t-il lumière avec douce chaleur,
Fera-t-il place au jour, au soleil bienfaiteur,
Ou bien s'éteindra-t-il, laissant la nuit complète?

Aux voiles d'ignorance échappe vérité.
Apparais toute nue en suprême beauté,
Eclaire notre marche aux abords de l'abîme.

Montre-nous le chemin d'un idéal meilleur,
De concorde entre humains; conduis-nous sur la cime
Découvrant l'horizon, fais-nous voir sa splendeur!

Sonnet Final

LE CYCLE HUMAIN

J'ai voulu chanter l'être en de bien courts sonnets,
Le cycle merveilleux de l'épopée humaine,
Ses différents états, son bonheur et sa peine
Et le même retour des causes, des effets.

J'ai représenté l'homme aux tout premiers feuillets
Du livre du Destin à l'entrée en l'arène,
Raisonnant pour lutter et créer son domaine.
Je l'ai vu marcher droit, s'appuyant sur les faits.

Négligeant l'inconnu, son décevant mirage,
J'ai mesuré sa vie à celle du plus sage,
Faite de doux espoir et de simplicité.

Je voudrais sa bonté défendant la faiblesse,
Son esprit élevé, sa solidarité.
J'ai ressenti sa joie et j'ai plaint sa détresse.

Chants Symboliques

Chants Symboliques.

LA NUIT ÉTOILÉE

Le Penseur.
L'Onde.
La Grande Inconnue.
La Vie.
Des Voix venant de la Terre.

Devant le Ciel étoilé

Le Penseur

Loin du bruit, loin des gens, seul dans la nuit je pense.
Nuit superbe, étoilée ! A mes pieds, l'Océan
Roule ses flots berceurs, dans leur souple cadence.
Le ciel paraît énorme, et, dans le firmament,
Brillent, de tous côtés, les lueurs innombrables.
Partout calme complet dans cette immensité.

L'oubli de mes douleurs, du mal, de mes semblables,
Amène un doux repos à mon cœur attristé.
Quel contraste à côté, tout près, autour de nous,
Ce ne sont que clameurs, des injures, des coups,
Entre mauvais instincts, la lutte inexorable,
La guerre sans merci, la haine impitoyable.
On dirait, à les voir, que tous ces gens sont fous.
Espaces inconnus, reflétant la lumière,
A la longueur du temps, si je vous considère,
Vous êtes bien menus et si vastes pourtant;
Comment vit-on là-bas? Avez-vous nos misères,
Les désastres soudains, du sol le tremblement,
Nos tristes passions, vous faites-vous des guerres?

(Dans le silence de la nuit tout à coup se fait entendre, par la T. S. F., le chant d'une voix humaine.)

La Voix

Lascives nuits d'amour,
Dans les folles tendresses
De volupté, d'ivresses,
Prolongez jusqu'au jour
Vos ardentes caresses.

Prêtresses de l'amour
Des nuits voluptueuses,
Vierges luxurieuses
Enlacez tour à tour
Vos formes amoureuses.

L'air s'embrase d'amour,
Le baiser fait merveille
Et le spasme s'éveille,
De l'ombre, jusqu'au jour,
Dans la nuit sans pareille.

Le Penseur

Ce chant, qui me poursuit, tout mon charme est rompu,
Encore de la terre un accent corrompu
Troublant ici mon rêve. Au large va-t'en vite
Vilain jouet humain ! va-t'en Onde maudite !

(Le chant a cessé doucement et l'Onde est apparue.)

L'Onde

Je ne puis t'écouter parler si méchamment ;
Je suis bien jeune encore et j'ai le cœur aimant.
Je rends service à tous. Mon extrême vitesse
Me permet de chercher des secours aux humains.

J'apporte le salut au navire en détresse,
Et, parmi les déserts, à ceux mourant de faim.
Je n'ai que des amis, en traversant le monde.
Seule, je le parcours en moins d'une seconde
Et j'y fais parvenir les sons mélodieux.
Pardon d'avoir troublé ta chère solitude.
Je te laisse à toi-même et, sans rancune, adieu.
Si je puis te servir, je descendrais des cieux.

Le Penseur

Onde reste, j'ai tort ; mon abord un peu rude
A pu t'effaroucher, te choquer, mon enfant.
Veux-tu ? faisons la paix, plus de parole amère.
J'étais si loin, si loin, en mon rêve si grand !
Je suis tombé de haut, je revis maintenant.
De ce monde ici-bas chante-moi la misère.

L'Onde

Je veux bien ; je transmets, c'est le chant de la terre,
De tous les malheureux, dont le sort angoissant
N'est que pleurs et regrets. Ecoute maintenant.

(On entend successivement les voix humaines.)

Chantons, c'est la misère, en ses haillons, livide,
Chantons, c'est le refrain des vaincus et des gueux.
Ce soir je jeunerai; demain, le ventre vide,
Je recommencerai, me trouvant très heureux
De coucher sous un pont et de dormir un peu,
Tenté d'oublier tout dans le gouffre liquide.

Pas de feu, pas de pain et pas un sou vaillant,
Dans un taudis infect, le père, agonisant,
Songe qu'il laissera après lui la ruine.
Sa femme, très chétive, avec bien pauvre mine,
Cherche à le consoler, allaite son enfant;
Et les autres bambins sont là criant famine.

Vous vous plaignez aussi, déchets du genre humain,
Que soignent à peu près les charités publiques,
Subissant résignés votre triste destin,
Fous, aveugles, vieillards paralytiques,
Enfants de l'assistance, idiots, rachitiques,
Sans espoir dans la vie, en attendant la fin.

Ce ne sont dans les airs que des cris de souffrance
Qu'arrache, aux corps meurtris, l'implacable douleur.
Terrible sans merci, brutale sans pudeur,
Tu domptes les plus forts, martyrises l'enfance.
Pauvre enfant! tu gémis; ta mère qui te panse
Te calme doucement, te presse sur son cœur.

Dans la vague d'assaut, sorti de la tranchée,
A terre il est tombé, blessé grièvement.
Le secours ne vient pas, sa langue est desséchée,
Il a soif, il a froid, et souffre horriblement.
Au souvenir des siens sa vie est attachée,
Et son martyre est long. Il meurt bien lentement.

Déjeté dans mon corps, du sort pauvre victime
De misère comblé, l'intelligence infime,
Je vois se prélasser le bonheur triomphant :
Ventres repus, beauté, santé, force et l'argent.
Je ne puis qu'exhaler la rancœur qui m'opprime,
A ce spectacle dur, au contraste irritant.

Je n'avais qu'un ami, un ami bien sincère,
Fidèle aux mauvais jours. Nous partagions tout;
Nul secret entre nous, je l'aimais comme un frère.
Il m'a volé mon bien, s'enfuyant de chez nous.
Ma femme l'a suivi. Ce fut un rude coup.
Je ne crois plus à rien, et puis mon cœur se serre.

Je ne la verrai plus; je berce ma douleur,
Ne pouvant l'oublier, au souvenir de celle
Qui trahit ses serments, froidement, sans pudeur.
Et je souffre toujours. De l'amante infidèle
Je ne veux rien savoir. Pourtant mon lâche cœur
S'affole et vibre encor lorsqu'on me parle d'elle.

Nos soldats ont fléchi, nos efforts sont brisés.
En nombre l'ennemi passe la frontière.
Envahit en torrent les pays exposés.
Partout ruines, pleurs, et partout la misère,
La souffrance, le deuil, les morts et les blessés.
Exécrable fléau, maudite soit la guerre!

Partie en plein bonheur, je l'ai mise au tombeau
Celle que j'aimais tant, ma compagne fidèle.
Le petit chérubin, encore à son berceau,
Puis mes autres enfants, tendres souvenirs d'elle,
Reposent maintenant dans le même caveau.
Mon rêve évanoui s'envole à tire d'aile.

Au physique, au moral, j'en ai trop supporté ;
C'est toujours le martyre à travers tout mon être,
Sans espoir que jamais il me soit évité.
Je ne veux plus souffrir ; de moi je suis le maître :
Du courage un moment, je me fais disparaître.
Par là, douce mort, je veux être emporté !

(La dernière voix humaine s'est éteinte dans la mort.)

LE PENSEUR

Que d'appels angoissés, que de cris de misère!
La souffrance partout. J'en ai le cœur gonflé.

Triste évocation, par ce ciel étoilé
Je te connais déjà, moi qui vis sur la terre.
Mais je te sens ici, dans ce cadre émouvant,
Plus touchante. Je vibre et je suis là pleurant.
Nous pleurons tous les deux, douce Onde vagabonde.
Sortons, si tu le veux, des douleurs de ce monde
Et viens me rapporter tous les chants des heureux.

L'Onde

Cela sera plus court, ils sont bien moins nombreux.
Mais assez de tristesse, il ne faut pas sans cesse
Ressasser tous les maux de notre humanité.
Du cœur, réagissons et vive la gaîté !
Ecoute, je transmets, ce sont chants d'allégresse.

*(De nouveau des voix de la terre se font entendre,
mais le ton est tout autre et indique la joie.)*

A mon aise, robuste et rempli de santé,
L'esprit bien reposé, nul souci ne me mine ;
Je promène partout ma tranquille gaîté.
Le jour qui m'a vu naître est un jour enchanté.
Par les temps de soleil, j'ai le plaisir insigne
De pêcher tout mon saoul, de pêcher à la ligne.

Ils ont l'aide et l'argent, des atouts dans leur jeu,
Une forte énergie et beaucoup de conduite.
La fortune, fidèle au travail, au mérite,
Leur sourit, leur promet le repos, étant vieux.
Ils usent sagement, font du bien autour d'eux.
De l'effort persistant tout le monde profite.

Penser, penser toujours, chercher dans l'inconnu,
En faire tout le but, le bonheur de sa vie,
Et pouvoir mettre au jour, par l'effort continu,
La grande invention, le chef-d'œuvre absolu ;
Savoir ce qu'est la gloire attachée au génie,
Quel rêve pour un homme, illustrant sa patrie !

Se contenter de peu, modérer ses désirs,
Travailler très gaiement, se garder des loisirs,
'Aimer les animaux, les champs et la nature,
Les bons amis discrets et les simples plaisirs,
Cultiver tous les arts, bien choisir sa lecture,
Faire du bien, voilà le vrai bonheur qui dure.

Jeunes, beaux, les voici, les gentils amoureux.
Ils s'en vont par les bois, enlacés tous les deux,
Promettant de s'aimer et de s'aimer sans cesse,
Souriant dans leurs cœurs, les yeux pleins de promesse.
Le monde disparaît, il ne reste plus qu'eux.
Leur amour les transporte et chante d'allégresse.

A la ferme, au grand air, sains et forts, les parents
Elèvent au travail, au devoir leurs enfants,
De robustes gaillards, solide et belle fille.
Dans les regards de tous, l'intelligence brille.
Ils font joyeusement les travaux de leurs champs.
C'est le pain du pays, c'est l'espoir, la famille !

Du pays bien-aimé, célébrons la grandeur,
Le sol doré d'épis, les grands bois, la douceur
Du climat, ses coteaux et ses vertes prairies,
Son radieux essor, ses hommes de génie.
La chère liberté, les lois en son honneur.
Accourez tous, chantons, c'est elle la patrie !

*(Les voix humaines semblent épuisées, le silence se
fait subitement.)*

Le Penseur

Faute de nouveaux airs la musique a cessé.
Je n'ai pas de regret, j'en avais vite assez.
Incolore, fadasse, absolument banale,
Je préfère des gueux la note originale.
Le penseur, un moment, m'a seul intéressé ;
De ses rudes efforts il est récompensé.

Moi, je cherche toujours cette Grande Inconnue
Dont je rêve la nuit, que je n'ai jamais vue.
Onde, tu dois pouvoir aborder son séjour,
Va, cours me la chercher et dis-lui mon amour.

L'ONDE

Ton désir est un ordre et, pour le satisfaire,
Je te quitte et je vais dans la plus haute sphère
Lui porter ton message. A présent mes adieux.

(L'Onde disparaît, et presque aussitôt on voit apparaître la Grande Inconnue, d'abord dans le lointain, puis de plus en plus près.

Ses traits sont nobles, réguliers, sa taille haute et souple, son allure sévère; ses yeux verts sont étranges.)

LA GRANDE INCONNUE

Je suis là près de toi, je me rends à tes vœux.

LE PENSEUR

A mon appel tu viens, chère et Grande Inconnue
Que je cherchais partout, et tu m'es apparue,
Céleste vision, dans toute ta splendeur.
Mon rêve est dépassé. Je vois à la lueur

De tes yeux si profonds que tu sais le mystère
Et le pourquoi de tout. Pauvre enfant de la terre
Daigneras-tu m'aimer ? Je ne suis pas changeant.
Je t'espérais toujours, cela depuis longtemps ;
J'ignorais tout de toi, véritable problème,
Ne pouvais te comprendre et te voulais quand même.
Pour avoir ton secret, j'ai pensé, j'ai lutté,
Je n'ai jamais rien su, je me suis rebuté.
A chercher et chercher, j'ai passé ma jeunesse,
J'ai souffert de douter, j'ai maudit ma faiblesse,
J'ai le cuisant regret, en mon espoir déçu,
De mon temps gaspillé dans mon effort perdu.
Aujourd'hui je te vois, mais non plus dans un rêve,
Ici, tout près de moi, dans la nuit qui s'achève,
Venant à mon appel de ton lointain séjour.
Je suis là, tout petit, implorant ton amour.
De ce grand inconnu, souveraine maîtresse,
Je t'attends dans mes bras, donne-moi ta caresse.

La Grande Inconnue

Tais-toi, jeune présomptueux.
A ton appel affectueux
Aussitôt je suis accourue.
Je ne veux pas t'être apparue
Comme la première venue
A qui l'on conte des douceurs.

Je reste l'oracle du monde,
Sur qui jamais rien ne se fonde
Que les souffrances, les douleurs;
Et de mes baisers on se meurt.
D'autres que toi m'ont courtisée,
Des hommes de grande valeur,
Cherchant le secret de mon cœur.
Je me suis toujours refusée
A tous ceux me faisant la cour...
Mon destin me défend l'amour.
Je suis la vierge martiale,
Des grands mystères la vestale.
J'en ai la garde et tout le soin.
On m'admire, on m'aime de loin.
Pourtant d'amour mon âme est pleine,
Déteste le sort qui la mène.
Vierge toujours je resterai
Et nul bonheur ne connaîtrai.
Je suis le courant qui m'entraîne.
Ami je te fais de la peine,
Je te vois bon, affectueux
Et ne puis répondre à tes vœux.
Crois-moi, tu ne perds pas grand'chose.
Dans mes dehors, tout en beauté,
Plus que laide, en réalité,
Connaissant le mal que je cause,
Tu me fuirais épouvanté!

Je dessèche ce que je touche
Et le malheur sort par ma bouche.
Mais c'est assez me déflorer,
Je voudrais pouvoir assurer
Le pur souvenir de ton rêve.

LE PENSEUR

Dans l'espace à jamais il s'est évaporé,
J'en reste anéanti. Triste, je me relève,
Mon être frémissant et le cœur éploré.

LA GRANDE INCONNUE

Sois calme, ami, je t'en supplie,
Crois-moi, sans la fatalité,
C'est toi que j'aurais écouté.
Je puis être encore une amie.

LE PENSEUR

Alors il ne faut plus de mystère entre nous.
Des sincères amis c'est le grand privilège
D'avoir la confiance et de se dire tout.
Aux aveux amicaux le cœur s'ouvre et s'allège.
Dis-moi si l'univers a toujours existé,
Evoluant sans cesse en l'immortalité?

Un principe éternel, dans sa toute-puissance,
Suprême créateur, a-t-il donné naissance
A tous les éléments et les a préservés?
Plantes, bêtes, humains, ont la même harmonie,
Des termes différents leur sont-ils réservés?
Leur beauté s'égalise , ont-ils tous la survie?
D'abord existe-t-elle et l'esprit, vrai ressort,
Qui paraît animer, diriger la matière
En est-il différent? Vit-il après la mort?
Dis-moi, qu'adviendra-t-il de la nature entière?
Ses éléments divers, ses êtres animés,
Toujours renouvelés, seront-ils supprimés?
Est-il vrai qu'il n'est pas de limite pour elle,
Que son but est constant et qu'elle est immortelle?

La Grande Inconnue

As-tu des questions encore à m'adresser?
Ton naïf résumé ne saurait dépasser
Ce que peut comporter une cervelle humaine.
Auprès du grand savoir, votre science est vaine,
Heureusement pour toi. Si tu connaissais tout,
Le malheur te viendrait, t'étreindrait de partout.
Garde pieusement ta superbe ignorance,
Qui te permet du moins d'être tout espérance,
A l'abri du dégoût, de la déception,
Et conserve toujours ta douce illusion.

Crois-moi, mon pauvre ami, laisse là ta chimère ;
Oubliant le passé, ce qui fut ta misère,
Sans sonder l'avenir sais vivre le présent,
Tâche d'en retirer tout le bien nécessaire
A tes justes désirs, puisque fatalement,
Sans être consulté, tu naquis sur la terre.
Tu dois t'y résigner et, bravement, lutter
Pour sauver ton bonheur et pouvoir l'augmenter.
Il te faut un soutien, une bonne compagne.
L'Onde, si complaisante, a battu la campagne
A sa recherche en vain. Or sans me déplacer
Je la vois près de toi, venant me remplacer.
L'Amante fait défaut, je te donne une amie
T'aimant, te consolant en la route suivie.
Ne pleure pas, tu dois m'oublier, prends la Vie,
Active jour et nuit, d'un caractère heureux,
Charmante à tous égards, bien qu'un peu pot-au-feu.
Je vous laisse, un baiser de souvenir. Adieu !

Le Penseur

Oracle aimé tu pars ; adieu, ta chère image
Ne me quittera pas. J'accepte ton conseil :
Je ne chercherai plus, je vivrai comme un sage.

*(La Grande Inconnue s'évapore et la Vie apparaît,
dans un de ses bons moments, fraîche, rose et tout à fait
délicieuse.)*

La Vie

Je suis là, j'attends ton réveil
D'un rêve fait d'inquiétude
Dont tu ne veux pas t'évader.
Pourtant tu peux me regarder,
Je suis très gentille et pas prude.
Aujourd'hui, dans mon meilleur jour,
Je suis disposée à l'amour.
J'ai mis mes beaux habits de fête
Afin de faire ta conquête.
Je te trouve joli garçon,
Et je te le dis sans façon :
Ton air sévère un peu m'inquiète.
Allons, c'est assez rêvasser,
Je suis très tendre, un brin coquette,
Viens mon grand fou, viens m'embrasser.

Le Penseur

Tu veux me consoler et je t'en remercie.
Mais où nous conduira ta charmante folie ?
Une grande tristesse est ancrée en mon cœur.

La Vie

Le sombre jour de souffrance
Est remplacé par un meilleur;
Leur contraste fait le bonheur.
Il nous faut seconder la chance.
Seul le travail t'élèvera,
Partout mon amour te suivra.
Je suis très bonne ménagère,
Pratique, mais pas terre à terre.
Je comprends ta juste fierté
Qui fera ta célébrité.
Je deviendrai ta conseillère,
Nous travaillerons tous les deux;
De tes succès je serai fière.
Nous serons toujours amoureux.
Je veux être ton but, ta vie,
Et la route par toi choisie,
Faite de joie et de labeur,
Sera celle de ton bonheur.
Mais, vois les astres disparaître
Lentement. L'aurore va naître
Limpide, annonçant un beau jour.
Ne pensons plus qu'à notre amour.

LE PENSEUR

Ta gaîté, ton audace m'ont gagné, mon amie.
Je te prends, je te veux, toi qui seras ma vie.
Plus de rêve indigeste au problème angoissant,
Insoluble, inutile et toujours décevant ;
Je saurai sagement mener mon existence
S'écoulant, douce, simple et faite d'espérance.
Tout ce qu'elle a de bon, cherchant à le trouver,
Et m'appliquant surtout à le bien conserver.
Si nous trouvons jamais ce filon sur la terre
Vite allons le cacher, petite ménagère,
Sous le foyer discret. Nos modestes désirs
Sans la satiété grandiront nos plaisirs.
Si, dans de mauvais jours, nous avons de la peine,
Nous pourrons nous serrer et lutter tous les deux
Contre tous les tourments de la misère humaine.
Le travail m'aidera ; un travail généreux,
Assidu, productif élèvera mon être,
Satisfait d'apporter un peu plus de bien-être,
Dans mon œuvre féconde, à tous les malheureux.
Ne t'effarouche pas. A ce programme austère
Nous saurons ajouter les moments savoureux
De nos baisers ardents et nous pourrons, ma chère,
Toujours recommencer. Allons, acceptes-tu ?
Tes yeux ont consenti ; dis-moi, c'est entendu ?

La Vie

Tu me comprends enfin, c'est ainsi que je t'aime,
Sérieux s'il le faut, mais m'adorant quand même.
Ton mâle accent me plaît. Le regard de tes yeux
Me brûle au fond du cœur. C'est toi seul que je veux.
Prévoyant tes désirs, je puis les satisfaire.
Je ne suis pas toujours la triste vie amère :
J'ai de très bons moments, ils seront tous pour toi.
J'aime aussi le plaisir. Mon corps souple en émoi
Saura vibrer au tien, dans de folles ivresses.
Je me donnerai toute en un fougueux baiser
Et tu te pâmeras sous mes chaudes caresses.
De mes aveux trop francs, que vas-tu bien penser ?

Le Penseur

Je ne pense qu'à toi, je te sais la plus belle ;
Bien rapide est le temps et l'amour nous appelle,
Livrons-nous, dans la joie, à ses divins transports.
A demain le travail et les nobles efforts.
Aujourd'hui c'est congé, c'est la fête joyeuse
De nos jeunes amours. Allons, belle amoureuse,
Viens me donner la main et vite sauvons-nous
Par les champs, par les bois. Rions comme des fous.

L'aurore a disparu. L'astre du jour se lève,
Il apporte sur nous ses rayons radieux.
Mon cœur tout rajeuni est débordant de sève.
Donne-moi tout : ton corps, tes lèvres, tes doux yeux,
Profitons du moment et sachons être heureux !

LE PLAISIR ET LA SATIÉTÉ

Un jour, le prince le Plaisir
Se résolut au mariage,
Il avait si joli visage
    Qu'il pouvait bien choisir.

Généreux et de gaîté folle,
Toutes les femmes l'adoraient,
De leurs grands yeux le contemplaient,
    De même qu'une idole.

Il choisit la Satiété,
Une des filles de la reine.
Son nom était bien mérité
    Tant sa bourse était pleine.

D'elle il eut tout jusqu'à l'abus :
Le luxe, la noce et l'orgie,
Cherchant tous deux de plus en plus
    La lascive folie.

Ils en furent bientôt gâteux.
Dans un état mental précaire,
La Satiété devint mère
D'un être monstrueux.

On ne pouvait lui faire fête
Tant il était horrible en tout,
Corps, masse informe, affreuse tête :
Il eut nom le Dégoût.

A MONTMARTRE

LE POÈTE.
L'AMBITION.
CHANOIRETTE.
FLEUR DES CHAMPS.
LE MAIRE.
BABILLON.

(Le poète arrive au haut de la butte Montmartre.)

LE POÈTE

Ouf ! encore une marche et je suis bien monté
Tout au haut de la butte où j'attends Chanoirette,
La muse de Montmartre en sa principauté.
Pour grimper j'ai du souffle, un souffle de poète.
Que l'escalier est dur ! Je ne suis pas en train,
Levé beaucoup trop tôt, après la nuit en fête,
Et c'est ce rendez-vous qui surtout m'inquiète ;
Il faut la prévenir de mon départ prochain.
Neuf heures vont sonner, que j'ai mal à la tête,
Et Fleur des Champs m'attend sur les bords de l'Yvette.
Blonde comme Cérès, elle est bien belle aussi ;
Il fait vraiment trop beau pour séjourner ici.

Mais je devrai quitter ma brune Chanoirette,
Ma muse, mon amie. Elle aura du chagrin
Et moi je vais pleurer. La campagne m'attire,
Je veux de la verdure, et mon gentil lutin
Qui depuis fin d'été m'espère et me désire.
Entre toutes les deux mon cœur est incertain
Et suivant la saison pour chacune soupire.
Et ma chanson d'hier, chantée au cabaret,
Pour faire mes adieux, mes amis quel succès !
Un grand duc m'embrassa, peut-être un bolcheviste
Voulant prendre, je crois, ma montre à l'improviste.
Le champagne sautait, et quelle ovation !
Je fus sacré grand homme et j'aurai ma statue,
A Montmartre, bien sûr, au coin d'une avenue.
Mais dans quel vêtement, quelle position ?
Vêtu comme aujourd'hui, c'est vraiment trop panade ;
Dans le simple appareil, serait peut-être mieux,
(Autrefois j'ai posé), mais très audacieux...
Académicien, en habit de parade
Serait le rêve, mais... j'imiterai Donnay,
Qui triompha jadis au simple cabaret.
Prenons l'air inspiré, ma canne en porte-plume
Et mon mouchoir plié figurant un volume.
La pose n'est pas mal en célèbre écrivain.

*(Babillon, jeune chasseur du cabaret, arrive en ce
moment.)*

BABILLON

Ah! c'est vous, mon poète, abaissez votre canne,
Vous allez m'éborgner, me défoncer le crâne.

LE POÈTE

N'est-ce pas, Babillon, que j'ai l'air d'un serin?

BABILLON

Vous vous calomniez, c'est plutôt le champagne
Qui vint frapper chez vous. Il fallait bien fêter
Le succès colossal; et vous voulez quitter
Notre Montmartre aimé pour l'affreuse campagne
Pleine de boue épaisse et de sots cultéreux?

LE POÈTE

Je veux manger du vert, en avoir jusqu'aux yeux.
Mais dis-moi, cher petit, me crois-tu du talent
Et ma chanson d'hier est-elle bien venue?

BABILLON

- J'en étais transporté. Succès étourdissant.
Les femmes vous lorgnaient de façon continue.
Encore une qui vient ici vous relancer ;
Adieu ! je me défile et je vais vous laisser.

(Babillon se retire. Une jeune et belle femme, l'Am-
bition, se présente devant le poète.)

L'AMBITION

Sincères compliments, salut seigneur poète,
Tu me connais déjà, du moins en vision,
Tu m'as souvent causé, je suis l'Ambition.
Je te voyais hier au milieu de la fête,
Campé superbement, une auréole au front,
Chantant à pleine voix ta vibrante chanson.
J'admirais ton esprit, sa couleur, sa finesse,
Tes élans généreux, ta fougue de jeunesse.

LE POÈTE

Je ne mérite pas un pareil compliment.
Je m'émeux très sincère et le dis simplement.
Je te revois enfin, tu daignes m'apparaître
Telle que dans mon rêve, et ton regard fait naître

Les espoirs insensés de gloire et de grandeur ;
Dans ton charme énivrant, tu fais battre mon cœur.

L'Ambition

Ton amour, pauvre enfant, qu'en pourrais-je bien faire?
Ton intérêt me guide et je vise plus haut.
Tu peux donner ton cœur aux amours de la terre,
Aimer, encore aimer, mais je veux ton cerveau,
A moi, jalousement, dans sa forme première.
Suis toujours mes conseils avec virilité.
Ils sauront te conduire à la célébrité.
Vibre de passion, mène la vie intense
Avec tous ses bonheurs, avec sa jouissance,
Mais travaille toujours afin de parvenir.
De ce but il ne faut jamais te départir.
Il doit tout dominer dans le cours de ta vie.
Ne ménage plus rien, même parents, amis,
Il te faut aller droit, sans penser aux meurtris,
Et marche sur ton cœur pour qu'il se sacrifie.
Ta force est toute en toi, sais donner ta mesure
Sans un autre intérêt, comprime ta nature
Par trop faite d'élans, qui sont plutôt fâcheux,
Ou sais les diriger, ce qui vaudra bien mieux.
Je connais tes amours, tu dois voir Chanoirette.
Elle est même en retard ta brune aux yeux ardents :
C'est qu'elle a rencontré la belle Fleur des Champs.

Toutes deux, parlant fort, réclamaient leur poète,
Et je viens te trouver, troisième larron ;
Aime-les toutes deux. Chacune est un filon :
L'une de belle humeur et l'autre d'élégie.
Ton art y trouvera plus grande fantaisie,
La ville et la campagne et le droit de choisir,
Tu n'es pas malheureux. Va, cours à ton désir.
Le souffle du printemps s'infiltre dans tes veines,
Suis ton impulsion vers les beautés sereines
Des champs épanouis, du domaine des fleurs.
Aspire le parfum de la flore nouvelle,
Roucoule dans les bois avec ta tourterelle,
Vibrez dans la nature et l'amour de vos cœurs.
Trouve les vrais élans qui font seuls le génie,
Et reviens me trouver, ta grande œuvre accomplie.

Le Poète

Ta parole m'enflamme et je me sens grandir.
Vivre une telle vie et des lauriers cueillir
Est un rêve pour moi. La pauvre Chanoirette
Se confine en sa butte et n'en veut pas sortir.
Je ne la verrai plus, elle est un peu coquette
Et si j'étais trompé, cela me fait frémir.
Je crains tout de l'absence et toi tu m'effarouches.
Tes conseils sont troublants, je ne sais que penser.
Tes moyens d'arriver me semblent plutôt louches,
Ma droiture se cabre et ne peut s'élancer.

L'Ambition

Tu parles en enfant, ton âme trop naïve
Se révolte aujourd'hui, plus tard m'approuvera.
J'aime ton franc parler ; ta fierté captive ;
A la raison, au temps, elle s'assagira.
Tu t'émeus maintenant à la voir infidèle
Pendant les trop longs mois que tu seras loin d'elle
En courtisant une autre. Et, si dans sa fureur
Elle te trahissait, abandonnant ses charmes,
Tu souffrirais bien plus. De ta folle douleur
Surviendrait un chef-d'œuvre engendré par tes larmes :
Tout serait pour le mieux, le bien viendrait du mal.
Tu ne dois t'arrêter qu'au triomphe final.

Le Poète

Tu veux me voir souffrir et chanter ma misère.
C'est anormal, c'est fou, mais j'aime doublement
Et pour toutes les deux mon amour est sincère.
Penser être trahi c'est un déchirement,
J'achèterais trop cher un succès éphémère
Et le profond chagrin ne part pas en chantant.
Non, tes tristes conseils ne feront pas ma vie,
Je lutterai s'il faut avec mon énergie

Loin du vilain calcul qui pourrait m'avilir,
Lui qui veut tout briser afin de parvenir.
Ta doctrine fait peur, c'est le froid égoïsme,
La perte d'idéal pour l'affreux réalisme,
L'écrasement d'autrui par le honteux moyen.
C'est emmurer son cœur dans la prison d'airain.
Je pillerais l'honneur, je volerais la gloire ;
Empoisonné d'encens triste objet de dégoût,
Des hauteurs de l'azur je chercherais l'égout
En laissant après moi l'odieuse mémoire.
C'est assez t'écouter et tu parles en vain.
Mon esprit languirait, foyer presque éteint
Qui pâlit sous la cendre et brusquement s'affaisse.
Aucun rayon d'amour et de sainte allégresse,
Aucun feu ne pourraient jamais le stimuler,
Et nul fier sentiment le faire étinceler !

L'Ambition

Je t'admire, quel feu tu mets dans ta tirade !
Je te réclame encor malgré ta rebuffade.
Tu subis forcément l'ancestral préjugé,
Tu m'appartiens déjà, si je t'ai bien jugé.
C'est dans un bon terrain que j'ai semé ma graine,
Elle portera fruit pas loin de ta trentaine.
Tiens, voilà ton renfort, tes deux belles au loin.
Elles ont l'air vraiment de s'entendre très bien.

Voici du beau travail pour ton âme sensible.
Au revoir, à bientôt, poète incorruptible.

(L'Ambition se retire.)

Le Poète

Adieu, je le crois bien. Faut-il approfondir?
Elle me sonde trop. Serais-je un arriviste?
Elle le croit du moins, c'est profondément triste.
Les voici, pas un mot et laissons-les venir.

*(Chanoirette et Fleur des Champs, toutes les deux
très calmes, arrivent ensemble.)*

Chanoirette

Bonjour, très cher vassal de mon superbe empire,
Tu restes effaré. N'as-tu rien à nous dire?
Je t'amène une amie, embrasse-nous, sans cœur.
Etant maîtresse ici, pour elle tout l'honneur
De ton premier baiser (je sais bien me conduire);
Garde-moi le second. Aurais-je le meilleur?

Le Poète

Ensemble toutes deux, l'agréable surprise,
Chanoirette amenant ma candide payse!

Alors, tu me permets d'embrasser Fleur des Champs?
Je te vois tous les jours et depuis si longtemps.
Au milieu des frimas elle attend et soupire.
Dans mes bras, sur mon cœur, doux rayon de printemps,
Je suis vraiment heureux, je te vois, je t'admire.

FLEUR DES CHAMPS

Et moi, mon bien-aimé, qu'il fait bon de te voir !
Toujours ton fier regard se changeant en caresse
Quand je suis près de toi. Tu m'avais fait promesse
D'arriver aux beaux jours. Je vais enfin t'avoir ;
Quels moments de bonheur pour nous vont s'écouler !

CHANOIRETTE

Ce n'est pas amusant de vous voir roucouler ;
Vous êtes expansifs. Faut-il tourner la tête ?

LE POÈTE

Patience, ma muse, à ton tour mon baiser
Le meilleur, toi qui sus, tous les jours, attiser
La flamme dévouement. Comme un grand fou je t'aime.

CHANOIRETTE

Tu ne mens pas, je crois, mais tu t'en vas quand **même,**
Poussé par ton désir, vers un être charmant.
Je ne peux pas lutter. La campagne est exquise.
Souffles printaniers, doux regard, tout te grise.
Je te retiens encore. Ane de Buridan
Comment te décider, dans ton âme indécise?
Elle, c'est la provende, et moi le picotin.
Entre nous deux, mon cher, vas-tu mourir de **faim?**

FLEUR DES CHAMPS

Je ne veux pas qu'il meure, il aura ma provende.
Le voir toujours heureux, c'est ce que je demande;
D'abord toutes les deux nous avons discuté,
Pas toujours doucement, notre rivalité,
Ensemble recherchant le moyen efficace
De nous départager, sans consulter le sort;
Pas de la courte paille et pas de pile ou face.
Chacune doit plaider devant toi, cher poète,
Proclamer son amour. Seul tu décideras
Celle qui doit te suivre, et l'autre partira.
Sommes-nous bien d'accord? réponds-moi, Chanoirette.

CHANOIRETTE

Puisqu'il le faut, hélas ! je suis le picotin
Pour l'été qui s'amène, un bien pauvre festin.

LE POÈTE

Alors c'est un complot, il faut que je m'incline
Devant vos arguments, sous peine de famine.
Je suis juge et partie, et c'est compromettant.
J'aime bien mieux rester dans mon rôle d'amant.
Et si par hasard, dans mon chagrin extrême
De ne pouvoir choisir, il vient la troisième.

CHANOIRETTE

C'est assez de nous deux, on se révolterait.

FLEUR DES CHAMPS

Dangereuse en ce monde, on l'assassinerait.

LE POÈTE

Je plaisantais, enfants, et pour vous satisfaire
Je n'aimerai que vous, c'est déjà fort à faire.
Alors, gentils tyrans, il faut vous écouter ?

Fleur des Champs (à *Chanoirette*)

Amie, à toi l'honneur, à toi de débuter.

Chanoirette

Tremblante, ô mon ami, je veux parler, je n'ose.
Ce que je suis pour toi je vais te le chanter.
C'est beaucoup plus facile et toujours même chose ;
Le meilleur argument puisque c'est ta chanson,
Mais le dernier couplet est fait à ma façon.

(Elle chante.)

Notre muse à Montmartre a le nom Chanoirette.
Au fond du cabaret elle naquit un soir
Au milieu des chansons. Son père était poète.
Sa mère succomba, la léguant au Chat noir.
Son charme, ses grands yeux en ont fait notre idole ;
De tous les cœurs brûlants aucun n'a prévalu.
On sut la respecter dans ce monde frivole ;
Mais un jour vint, elle trouva l'élu.
Elle se donna toute en ma pauvre chambrette :
        Je l'aime bien, ma Chanoirette !

Sa beauté m'éblouit, je possède son cœur.
Quoique grand de bonté, seul j'y trouve un asile.

J'aime son rire franc, son regard enjoleur
Qui ne dit jamais non, son esprit qui pétille
Et toujours inventif en pensers merveilleux.
Elle a le sens du beau, mais dans sa fantaisie,
Son contact de fraîcheur est fait de poésie.
Tout son être m'inspire et mon vers chante mieux.
Muse, sur ton beau sein je repose ma tête,
       Je t'aime bien, ma Chanoirette!

Ensemble on a vécu de bien rudes moments,
Un début difficile et presque la misère.
Quand j'étais abattu ses yeux tout souriants,
M'infiltraient le courage et me disaient espère.
Elle a toujours lutté sans jamais se lasser,
Donné tous ses efforts pour relever ma vie,
Se privant au besoin et sans coquetterie.
Son seul bonheur était dans mon ardent baiser.
Tout fier de son amour, je dis et te répète :
       Je t'aime bien, ma Chanoirette!

A mon tour maintenant de finir la chanson.

Tu ne la chantes plus ta grande passion
Pour moi que tu disais devoir être éternelle.
Montmartre est tout pelé, la campagne est bien belle
Et ton amour s'envole en suivant la saison.

Je sais, ton choix est fait. Fleur des Champs, la nature
Viennent te réclamer; tu les aimais avant.
Mais tu me reviendras, quand sera la froidure
Te chauffer à mon cœur qui te sera constant.
Sans t'en vouloir je pleure et dis et te répète :
        Tu n'aimes plus ta Chanoirette !

LE POÈTE

Ces vibrants souvenirs, bien loin de s'effacer
Sont des liens entre nous qu'on ne peut plus briser.
Je pleure et m'attendris. Je ne sais plus que faire.

CHANOIRETTE

Je souffre bien aussi, mais il faut réagir,
Te décider enfin, montrer du caractère.
Fleur des Champs, c'est à toi, tâche de l'attendrir.

FLEUR DES CHAMPS

Je me sens toute émue et je veux évoquer
Nos bien jeunes amours. N'allez pas vous moquer,
La chanson est de moi, bien pauvre, mais sincère,
Et toi, poète, aimé, ne sois pas trop sévère.

                                    (Elle chante.)

Nous nous aimions tout enfants,
Alors tu restais au village.
On se cherchait, j'étais bien sage,
Nous courions à travers champs.
Mais le jour vint où, toute émue,
Tu me fis frémir dans tes bras,
C'était l'époque des lilas
Et des roses la bienvenue.

Le soleil rayonnait pour nous.
La nature se faisait belle
Pour parer nos amours comme elle.
On s'adorait comme des fous.
Le temps d'aimer passait trop vite,
On ne pouvait plus se laisser;
Encor toujours nouveau baiser,
On le rendait pour être quitte.

Mais j'ai perdu mon bel ami.
L'hiver, par une nuit bien noire,
Il est parti chercher la gloire
Sans voir ma peine et sans souci.
Seule en mon lit je suis gelée,
Je le cherche pour le serrer:
Mon âme a froid, s'en va pleurer,
Bien malheureuse, inconsolée.

Tu chantais les fleurs, les oiseaux,
Les grands bois, la verte prairie :
Je n'avais pas de jalousie,
Tes vers me paraissaient si beaux.
A Montmartre l'amour te guette
De toutes les belles de nuit.
Laissez-le moi, je n'ai que lui,
C'est mon aimé, c'est mon poète.

Tu m'as promis de revenir
Aux beaux jours, à l'anniversaire.
Le soleil brille sur la terre,
Les roses vont s'épanouir ;
Viens trouver ta petite amie
Qui, sans te voir, a souffert tant,
Donne-lui ton baiser brûlant
Et puis à toi toute sa vie !

Le Poète

Je saurai l'embellir, ma douce Fleur des Champs.
Dans leur simplicité tes couplets sont charmants ;
Tu pensais donc à moi pendant ma longue absence.

Chanoirette

Alors ton choix est fait, je n'ai qu'à m'incliner...
Tu restes hésitant, prononce ta sentence
Qui fixera mon sort ainsi que ma souffrance.

Fleur des Champs

Il hésite toujours, je me sens frissonner,
Parle-moi, bien-aimé. Que mon âme est inquiète !

Le Poète

La mienne également ; je ne puis raisonner ;
Il me faut discourir, ma chanson n'est pas prête.
Choisir entre vous deux est un déchirement ;
Laquelle désigner, le sais-je seulement ?
Egale est la beauté, de même la tendresse.
L'une c'est mon enfance et ma prime jeunesse,
Le temps de la candeur, de l'aveu rougissant,
Des doux émois cachés au fond de la verdure,
C'est le rêve doré, dans les blés mûrissant,
C'est le premier amour, celui qui toujours dure.
L'autre ma brune aimée au regard caressant,
Compagne des efforts et de la lutte austère
Avec la passion, c'est le pur dévouement,
C'est mon ange gardien, ma muse tutélaire.

C'est à devenir fou, je suis bien malheureux.
Si c'est l'une de vous qu'aujourd'hui je préfère
J'aurais regret de l'autre et l'aimerais bien mieux,
Pauvre sacrifiée à son amour sincère.
Et l'élue en ce jour en grippe la prendrais.

FLEUR DES CHAMPS

Alors, si c'était moi, tu me détesterais?

CHANOIRETTE

La victoire serait passablement amère.
C'est à désespérer ; que nous faut-il donc faire ?
Tiens, si l'on consultait ce grand monsieur qui vient,
C'est le maire d'ici, nous le connaissons bien :
Il nous conseillerait.

(Au maire de Montmartre qui vient d'arriver.)

Pardon, monsieur le maire,
De vous interpeller, je vous sais très galant ;
Voulez-vous m'accorder un tout petit moment ?

LE MAIRE DE MONTMARTRE

Je n'ai qu'à m'incliner, ma reine Chanoirette.
Belles dames salut ! Bonjour, mon grand poète !

CHANOIRETTE

Je vous présente ici la blonde Fleur des Champs,
Qu'adore mon poète et sa muse au printemps.
On s'entend beaucoup mieux, maintenant presque on s'aime ;
(On le voudrait heureux), mais rivales quand même.
L'hiver je suis tranquille, il est bien tout à moi,
Mais aux premiers beaux jours il file à la campagne,
Ses premières amours, retrouver sa compagne,
Et suivant la saison, chacune est en émoi.
Nous l'avons supplié d'être très explicite,
De choisir entre nous. Il s'affole, il hésite,
Pleure, devient touchant, se prétend malheureux,
Et puis avec nous deux le doux lien se resserre.
Mais ce qui nous désole et de vraiment affreux
C'est que s'il fait son choix, c'est l'autre qu'il **préfère**,
Regrettant son absence et toujours y pensant.

LE MAIRE DE MONTMARTRE

Mais mes pauvres enfants, c'est parfait, au contraire,
Vous vous aimez tous trois et très sincèrement
Tout aussi bien qu'avec le Très Saint Sacrement,
Voilà le principal pour vous tirer d'affaire.

Le code de Montmartre a su prévoir le cas ;
Il peut, si vous voulez, vous tirer d'embarras,
Il est tout sentiment et doit vous satisfaire.
L'article dix prévoit l'union de saison,
Constante pour toujours, valable à son époque ;
La morale est sauvée et plus rien ne vous choque.
Je veux bien vous unir, à la condition
Que ce soit pour vous deux un acte irrévocable.
C'est pour vous, Fleur des Champs, le début enviable,
A vous les plus beaux jours, le printemps, le soleil,
Les ardeurs dans l'éclat, le bonheur sans pareil.
Mais vous n'y perdrez pas, Chanoirette jalouse,
Si les jours sont bien courts, que de superbes nuits
Vous diront son amour, à vous la grande épouse
Qui ferez son triomphe en succès inouïs.
C'est à vous de répondre à présent, mon poète,
Voulez-vous épouser Fleur des Champs, Chanoirette ?

Le Poète

J'en suis vraiment charmé, mon désir s'accomplit.
Aussi je vous réponds, sans hésiter, c'est oui !

Le Maire de Montmartre

C'est à vous, Fleur des Champs, jurez d'être fidèle.

Fleur des Champs

Comme à son compagnon la blanche tourterelle.

Le Maire de Montmartre

Répondez, Chanoirette, à même question.

Chanoirette

Je le jure bien... mais...

Le Maire de Montmartre

                        Mais est incompatible.
Il faut nous l'expliquer.

Chanoirette

                      L'entr'acte est un peu long.
J'ai l'amour très ardent et l'humeur susceptible.
Le code de Montmartre est-il accommodant?
C'est trop de temps passé bien loin de mon poète;
Ne pourrais-je parfois si l'ennui trop me prend
Aller vous retrouver sur les bords de l'Yvette?

On pourrait bien s'entendre une fois par hasard.
Etendus tous les trois, aux bords de la rivière,
On se tiendrait bien près en faisant les lézards.
Pêcheur un peu distrait, la ligne si lègère
Irait flotter sur nous et chacune à son tour.
De même, ton regard nous dirait ton amour.
Ma bonne Fleur des Champs, tu permettras, j'espère ;
Dans le cœur de l'hiver, je t'en accorde autant.

FLEUR DES CHAMPS

Alors, c'est entendu ; je consens, Chanoirette :
A l'été ta visite, et si le froid me prend
J'irai me réchauffer auprès de mon poète.
Je suis toute petite et le lit spacieux.
A sa gauche, à sa droite, une boule bien ronde
Donnera la chaleur de la brune et la blonde
A notre bien-aimé couché dans le milieu.
Puisqu'on est bien d'accord, ce n'est pas une affaire.
Ensemble nous voulons assurer son bonheur,
Il faut donc un moment ignorer notre cœur.
Mais, est-ce bien permis, dites, monsieur le maire?

LE MAIRE DE MONTMARTRE

Ce n'est pas dans le code et quelque peu scabreux ;
J'aurai de l'indulgence et fermerai les yeux.

CHANOIRETTE

Par tes mânes, Salis, fidélité je jure !

FLEUR DES CHAMPS

J'affirme mon serment, par les prés, la verdure !

LE POÈTE

Je jure et j'archijure et voudrais que ça dure !

LE MAIRE DE MONTMARTRE

C'est bien, j'ai mon écharpe, écoutez maintenant :
« Ensemble, tous les trois, Montmartre vous marie. »
Voilà, c'est terminé. Ne perdez pas de temps.
Adorez-vous toujours, profitez de la vie.
Moi, je m'en vais tout seul, c'est beaucoup moins plaisant.
Adieu, mes chers enfants !

(Le maire s'éloigne en faisant des signes d'amitié.)

LE POÈTE, CHANOIRETTE, FLEUR DES CHAMPS

Vive monsieur le maire !

CHANOIRETTE

Quelle bonté pour nous !

FLEUR DES CHAMPS

Un véritable père !

LE POÈTE

Un ami précieux me tirant du pétrin !

CHANOIRETTE

C'est trop d'émotion, le mariage creuse :
Il est midi bientôt, je vais mourir de faim.
Nous gagnerons plus tard ton pays de Chevreuse.

FLEUR DES CHAMPS

C'est dommage vraiment, car là-bas tout est prêt :
Les radis et les œufs, le fromage à la crème,
Les fraises, les gâteaux et le vin sans baptême,
Cacheté, s'il vous plaît, des coteaux de Cernay.

Le Poète

Quel menu délicat! il est trop tard quand même;
Mon ogresse est terrible; allons au cabaret,
Nous gagnerons ce soir notre verte campagne.
Nous partons tous les trois, je paye le champagne.
A demain les douceurs, le petit vin clairet,
La course dans les bois. Chanoirette on t'emmène,
On ne se quitte pas de toute la semaine :
C'est voyage de noce et la lune de miel!

Chanoirette

Mais c'est très dangereux, si j'allais trop me plaire,
Ne pas vouloir quitter votre belle chaumière?

Le Poète

Le maire te l'a dit et l'article est formel :
Tu dois à ton mari la stricte obéissance.

Chanoirette

J'obéis, mais tant pis pour votre confiance.

Fleur des Champs

Qu'il me garde son cœur, là-bas je ne crains rien.
Reste tant que tu veux, je serai ton amie :
Je commence à t'aimer, puisque tu l'aimes bien.

Le Poète

Mon épouse du jour, très bien la répartie,
Accepte mon bras droit, aujourd'hui c'est l'honneur,
Le gauche, Chanoirette, est le côté du cœur !

(Ils partent ensemble et le poète chante :)

De sa colline sans égale,
Montmartre regarde, narquois,
Paris, soi-disant capitale,
Rampant à ses pieds, trop étroit.
De sa noble masse il l'écrase
Et le voit croupir dans sa vase.
C'est des grands hommes le séjour,
C'est la chanson pleine d'humour,
La poésie et puis l'amour,
A Montmartre, la nuit, le jour !

LA MONTÉE

Travailler tous les jours, sans répit, durement,
Sans goût, parfois sans but, pour vivre chichement,
Souffrir, encor souffrir, dans la limite extrême,
S'angoisser de douleur, voir mourir ceux qu'on aime :
Voilà le triste sort qu'ici-bas nous attend.

Toi, compagne du temps, douce Mort immortelle,
Qui fais frémir à tort, que l'on nomme cruelle,
Tu domptes la douleur. Ta suprême bonté
Arrête tous les maux de notre humanité.
Donne, Mort, ta caresse à celui qui t'appelle !

L'Arabe te connaît. Tes superbes appâts
Le font vibrer d'amour. Il vole sur tes pas,
Le cimeterre au poing, au milieu de l'armée,
Il t'étreint fortement, houri la bien-aimée,
Tout fier de succomber dans un si beau trépas.

Fougueux explorateurs, martyrs d'une croyance,
Héros dans les combats, héros de la science,
Disposés à mourir en suprême beauté
Pour le grand idéal, tout esprit et vaillance,
Vous servirez d'exemple à la postérité !

Comme un chant très lointain, qui doucement expire,
Tel un rapide éclair qui cesse de luire,
Nous sommes entraînés dans l'éternel sommeil,
Tout à coup, sans souffrir, sans souci du réveil,
Aussi triste qu'hier et peut-être encor pire.

Poètes et penseurs, artistes en beauté,
Philosophes, savants cherchant la vérité,
Vous tous, les surhumains, dont l'œuvre est de génie,
Méconnus quelquefois, vous aurez la survie,
Emportés par la Mort dans l'Immortalité !

Sur le soir de vos jours, vous, dont la simple vie
Fut labeur, dévouement, à tous, à la Patrie,
Hommes actifs et bons, souriant au passé,
Vous partez dans un rêve et, le cœur apaisé,
Vous trouvez le repos, votre tâche accomplie.

Couchés dans vos berceaux, pauvres petits blondins,
Les membres tout raidis, les yeux déjà lointains,

La Mort vous caressant, doucement vous enlève
Dans un tendre baiser. Votre existence brève
N'aura pas nos douleurs. Dormez, beaux chérubins !

Voluptueuse Mort, tes farouches caresses
Enlèvent les amants à leurs chères maîtresses ;
Ils se pâment sur toi. Tu prends leur seul enfant
Aux parents éplorés, tout en le calinant.
Les jeunes et les vieux partagent tes tendresses.

Le malheur est pour vous qui restez, déprimés ;
Aux misères du jour ajoutant la souffrance
Du vide et du regret des êtres bien-aimés.
Attendez, vous aurez aussi la délivrance :
Vos yeux se fermeront et vous serez calmés !

Poète arrête, assez, qui défendra la vie ?
Plus de sons attristants. Ne chante pas la Mort.
L'homme s'éveille heureux et content de son sort.
La nature est superbe et tout est poésie :
L'amour est dans les airs, le soleil brille encor !

Avec ses vifs rayons qui font monter la sève
Des plantes et des gens, avec les chauds rayons
Du bien-être si doux, des amis sans façons,
De l'amour qui renaît, de l'avenir qui rêve,
Notre cœur a repris ses anciennes chansons.

Tout homme est ainsi fait qu'à la longue il oublie
Son mal et ses chagrins. Il vit d'illusions,
Se répétant sans cesse en la route suivie.
Le bonheur à nouveau, de douces visions
Le redressent soudain et lui refont sa vie.

Tu donnes les espoirs, sainte religion,
Des cœurs simples meurtris, suprême illusion !
Tu fais les résignés, leur permettant d'attendre,
Enseignes le chemin tout droit qu'ils doivent prendre
Pour gagner le repos, la consolation.

Mais le doute survient et chacun envisage
Les problèmes troublants, sans leur solution.
Pour les uns c'est la foi, pour d'autres fiction.
De croire aveuglément, sans bon sens est-il sage
Pour aboutir enfin à la déception ?

Je t'appelle, entends-tu, divine Providence ?
Mes enfants vont mourir, nous crevons tous de faim.
Je suis las d'implorer toujours ton assistance
Qui n'arrive jamais. C'est assez de souffrance :
Sourde, j'ai beau crier, tu demeures trop loin.

Malheureux ici-bas, plus tard la récompense,
Dit le prêtre. Plus tard c'est jamais, j'en ai peur.

A bien mauvais payeur, bien mauvaise échéance.
Je préfère à l'instant la miette de bonheur :
Fais manger les enfants, garde ton espérance.

Tels sont les tristes cris de nos cœurs en émoi.
Nous sommes sur la terre et sans savoir pourquoi.
Nous ignorons le but, l'ordre absolu des choses,
Et nous devons subir l'inexorable loi,
Ressentant ses effets, sans pénétrer les causes.

La nature nous mène à son but arrêté,
Tout en dehors de nous, sans générosité.
Elle fait toujours fi du détail négligeable
Et n'entend même pas, tenace, irrévocable,
Nos appels angoissés, dans sa marche immuable !

Avec nos seuls moyens, dans le plus dur labeur
Il faut vivre, souffrir et repeupler la terre,
Engendrer à nouveau la semblable misère.
Pour bien parer à tout, en avons-nous l'ampleur ?
Nous sommes désunis, nous nous faisons la guerre !

De l'excès de ces maux viendra la vérité.
Les hommes comprendront enfin l'absurdité
De leurs façons d'agir. La conscience humaine
Se développera dans son vaste domaine,
Et partout régnera la solidarité.

Nous serons tous unis. La petite étincelle
Eclairant nos cerveaux sera demain lueur,
Phare dans un moment. L'avenir la révèle,
Eblouissant soleil. Dans une ère nouvelle
Nos moyens décuplés serviront le bonheur.

Il faut de chauds rayons, que le bien-être abonde,
Moins d'inégalités, jamais de miséreux,
Des soins pour les petits, des égards pour les vieux,
Pour enrayer le mal faire une œuvre féconde,
Travailler, s'entr'aider et s'aimer en ce monde !

La terre sera belle en sa fécondité,
Il n'existera plus d'humanité souffrante :
Poussés par le cerveau, conduits par la bonté,
Vous, hommes surhumains, en pleine activité,
Poursuivrez dans le temps votre marche ascendante !

LA MODE ET L'AUVERGNAT

Jeune et belle, la Mode, éveillée, au matin,
Dans son lit reposait, se disant : quelle chance,
Pas de course à Longchamp, pas de carnet mondain,
Je vais flâner d'abord, prendre ensuite le train.
Je mérite, je crois, un grand jour de vacance,
C'est le repos gagné. Je vais bien me soigner,
Prendre la clef des champs, ensuite me baigner,
J'en ai vraiment besoin : du fard, de la pommade
Mon corps en est tout gras, j'en deviendrais malade...

Nous revoyons plus tard la Mode aux bords de l'eau,
Dans un coin très ombreux, très discret. La rivière
Coule paisiblement. Les vêtements par terre,
La Mode toute nue, agréable tableau,
Commence à s'admirer puis se plonge dans l'onde,
S'esbat, nage joyeuse, oubliant le grand monde,
L'habillage lassant et le grand couturier.
Hélas! il se fait tard, il lui faut rallier.
Elle sort de son bain, fraîche, régénérée,
Cherche ses vêtements, ne les retrouve pas.
Le soleil qui décline éclaire ses appâts ;
Sur la rive, bien seule, elle reste effarée !

A ce moment d'angoisse un Auvergnat passait
Transportant du charbon. Il resta stupéfait :
Bougre, mon vieux, fouchtra, la belle créature,
Mise très simplement, comme dans la nature.
— Brave homme, par pitié, ne me regardez pas,
On a pris mes habits, ma chemise et mes bas
Lorsque j'étais au bain, c'est une catastrophe !
Tournez la tête à droite. Avez-vous une étoffe ?
Il n'en faut pas beaucoup, pour me couvrir un peu.
— Je n'ai plus qu'un sac vide, encore est-il d'usage
Noirci par le charbon, pas loin d'être crasseux.
— Il pourra me fournir la jupe et le corsage.
Avez-vous des ciseaux ? — J'ai mon eustache à cran.
— Passez sac et couteau, je taillerai quand même :
Une coupe à créer, ce n'est pas un problème !
— Les voilà présentés, mais c'est donnant donnant,
Je ne demanderai rien d'extraordinaire :
Sous la gorge saillants, ces rondelets gredins,
Je voudrais les palper tous les deux dans mes mains,
Ensuite un bon bécot, ce n'est pas une affaire.
— Vous êtes un vilain ! — Rien, alors. — C'est accordé.
Il les serra si fort qu'elle en fut toute émue,
Et l'empreinte marqua de sa patte velue.
Un gros baiser gourmand lui fut aussi soldé.
Il s'en fut lentement, la mine très joyeuse.

Sans se désespérer, sans être trop honteuse,
La Mode fit au sac cinq grandes ouvertures,
Pour la tête une au fond, deux en haut pour les bras,
Et, grande invention, deux autres échancrures
Pour délivrer les seins, laisser voir leurs appâts.
L'eau servit de miroir : elle fut satisfaite.
— C'est simple, mais exquis, j'ai ma fortune faite !

Par le monde la Mode eut un très grand succès
Dans son court vêtement, création nouvelle.
La garçonne en pâlit en la voyant si belle ;
Tout en la jalousant, près d'elle s'empressait :
— Sur ta bouche et tes seins quel fard incomparable,
De quelle marque est-il ? J'en voudrais un semblable.
— Je te le dis à toi, c'est un secret d'Etat,
Dit la Mode en riant : la marque l'Auvergnat !

LE PASSÉ — LE PRÉSENT — L'AVENIR

Le Cauchemar

Triste oiseau de la nuit,
Je viens tomber sur l'homme
Lorsque le jour s'enfuit.
Je l'étreins, je l'assomme.
Ici, que viens-je faire ?
Couché sur la bruyère,
Ce robuste gaillard
Sans remords, frais et rose,
Tranquillement repose.
Je pars, Cauchemar.

La Bonne Digestion

Ferme, enfant, ta paupière
Quand s'endort le soleil.
Garde ton bon sommeil.
Je t'effleure, légère,
Jusqu'à ton gai réveil.

Ton corps dispos respire.
Au calme, ton esprit
Repose et s'affermit.
Ton être se détire :
Bonne Digestion,
Telle est ma mission !

LE RÊVE

Dans l'air tout parfumé, transporté par la brise
Je viens planer sur toi, ton sommeil est charmé.
Au repos de ton corps, dans ton cerveau calmé
Le Passé se déroule, en sa saveur exquise ;
Tu souris au Présent et l'Avenir te grise :
Je suis le rêve aimé.

LE PASSÉ

Passé je me ramène.
Te souviens-tu
Du temps déjà vécu
De joie et peine ?

De l'enfant si fougueux
A l'œil limpide,
Du jeune homme timide
Très amoureux?

C'est trop loin en arrière,
C'est bien fini.
D'antan bonheur, misère
Sont dans l'oubli.

LE PRÉSENT

Je suis ton inséparable,
Je te tiens à tout moment,
Je t'assure un bonheur stable :
Je suis le Présent!

Au travail je t'intéresse,
Aux plaisirs simples, autant.
Tu souris, et ta jeunesse
Se passe en chantant.

Je sens bien que je m'achève.
Pour toi suis-je assez brillant?
Tu me laisses pour le rêve
Qui va de l'avant.

L'AVENIR

(C'est la fin de l'aurore, une aurore éclatante. Le soleil va bientôt paraître. Un jeune homme à l'aspect vigoureux, au teint frais, repose doucement sur la bruyère. Son visage souriant est éclairé par les rayons du jour naissant.)

L'Avenir *(au jeune homme qui dort)*

'Avenir, je m'incarne aux rayons de l'aurore.
Nos feux étincelants sur ton front qui se dore
Font à ton fier visage un radieux reflet.
Et ton rêve persiste en sa forme si chère.
Le soleil va bientôt resplendir sur la terre,
Nous venons t'éveiller, activer tes projets,
Te chanter le bonheur, les succès et l'aisance.

Le Coq *(se redressant pour chanter)*

J'arrive bon premier, Soleil, je te devance.
Ko-ho!... Ko-ho!...
Debout, grand paresseux. Je vais chanter plus haut.

(D'une voix plus aiguë :)

Ko-ho!... Ko-ho!...

(Le soleil paraît enfin. Le jeune homme se lève, réveillé par le chant du Coq et ébloui par les rayons de l'astre du jour.)

Le Jeune Homme

Coq, un peu matinal, je devrais te maudire
D'interrompre mon rêve à son beau dénouement.
Mais je le garde encor sans aucun changement.
Quoique éveillé, vers lui toute mon âme aspire.
Qu'il fait bon ce matin, le cadre est merveilleux ;
A l'éclat d'un beau jour, la campagne est exquise,
Dans ses chants, ses parfums, et bien douce est la brise
Qui vient me caresser dans mon être joyeux.
Je me sens calme et fort ; en moi j'ai confiance,
J'ai la tête, le bras, et toute ma vaillance.
Enfin j'arrive au but, je deviens directeur
D'une importante usine, et son seul possesseur,
Connaissant mon amour pour sa fille Marie,
Veut bien me la donner. Elle est toute ma vie !
Avenir, je te tiens ! C'est la dernière étape ;
Le passé s'est fondu dans le sombre néant
Et le présent y court. Terne et si décevant
Je ne peux plus le voir. Pour toujours je m'échappe.
De tout ce qui fut moi, vers d'autres horizons ;
Mon âme va chanter de nouvelles chansons.
Le soleil est plus haut. Je sens monter ma sève,
Oiseau, je vole au loin, en quittant mes buissons.
Demain, encore un jour, le dernier qui s'achève,
Et je pars éveillé pour achever mon rêve.

SONNETS

DE SYMBOLISTES DU JOUR

SONNET D'UN MABOULISTE

L'Enigme

Dans le rythme des airs, fécondant sa surprise,
Eole, l'évadé, par le troupeau bêlant
Que le jour a couché, s'avance sémillant,
Repousse l'écarlate et marque son emprise.

L'amertume s'enfuit, l'atmosphère se grise.
La vague de la mer s'émeut, se déroulant.
Le cœur s'hermaphrodise, exulte en s'affolant
Et dans les inconnus conserve sa maîtrise.

Que de vœux sur la terre en leur infinité.
L'étoile du matin est joie et volupté
Et la ceinture est pourpre en son cercle **magique**.

Notre âme s'auréole en un désir divin,
Couronne le sommet du temple symbolique
Et de l'oubli des ans, une lueur nous vient.
    (Voir variante.)

Pour la compréhension du sonnet l'Enigme, changer le dernier vers par celui-ci :

Et voilà le sonnet d'un maboule écrivain !
    (Variante.)

SONNET D'UN DEMI-MABOULISTE

PENSÉES DU SOIR

Dans l'horizon qui fuit vont mes tristes pensées.
Le chameau qui s'ensable, à la lune, agonit.
Le soir, mon cœur se ronge au ver qui s'en nourrit
Et dans tous ses replis les rancœurs sont passées.

L'homme est un chien rapace et sa tête est fusées.
Le veau d'or étincelle et beugle l'hallali.
La cloche tinte au loin, le destin s'accomplit
Et les jours sont de grêle et bonheurs traversées.

Polychrome au fond vert est le mont tout en fleurs,
La goutte est amertume en l'océan des pleurs
Et le rire au matin, aussitôt s'évapore.

Ah ! vivre tout l'éclat des ardeurs d'un beau jour,
Arrêter sa nacelle en l'air qui la dévore,
Vivre un divin moment, connaître enfin l'amour !

SONNET DE SYMBOLISTE

Dans les plaines d'en bas, aux rayons du matin,
Le rêve, un albatros, enlisé dans la vase,
Pour planer, se débat, crève l'Ande et s'écrase.
Triste fin, dernier cri d'un souffle qui s'éteint.

Dans l'horizon qui fuit le jour est incertain.
Le cerveau s'amollit sans connaître l'extase.
Promethée est un mythe, aucun feu ne l'embrase
L'idéal est bien mort au cercueil de sapin.

Morose est le devoir, banale l'habitude,
Le désir est fugace en sa décrépitude;
Il faut vivre quand même en un cercle brumeux.

L'action se déploie en l'effort qui ruisselle,
Le blé pousse toujours dans l'engrais généreux
Et le bétail humain toujours se renouvelle.

SONNET D'UN SYMBOLISTE

TES YEUX VERTS

Sur le flot écumant, bondit vers toi mon cœur.
Es-tu femme ou la mer en ta forme troublante ?
Le phare de tes yeux me brûle et me tourmente,
Leur vert d'onde marine étonne et me fait peur.

J'y vois la trahison. Ton fanal est trompeur,
Mène aux rochers jaloux, à la dent déchirante.
Mon âme se lacère et reste pantelante.
Etreint dans les récifs, je pleure ma douleur !

La tempête a soufflé, ma colère est immense,
L'horizon est tout rouge et de sang ma vengeance.
Je surnage et je cours dans le vent destructeur.

Mais le vent s'est calmé. Pardonne, mon cher ange,
Ce n'était qu'un mirage, un mirage menteur :
Tes yeux verts sont à moi, dans leur douceur étrange !

Chants Symboliques

(2e Partie)

Chants Symboliques

LA NUIT DANS LA MONTAGNE

Le Poète.
Matérielle.
L'Orgie.
La Luxure.
La Débauche.
Éthérée.
L'Illusion.
La Morte.
Voix des Éthérées.

SUR LA MONTAGNE

La chaleur d'un beau jour a persisté la nuit.
On étouffe sans air ; pas de brise, aucun bruit.
Je suis très abattu. Mon âme qui chancelle
Évoque sa misère et la perte de celle

Que j'aimais plus que tout, qui faisait mon bonheur.
Cherchant le frais du corps, le calme de mon cœur,
J'ai fui les tristes lieux où mourut ma compagne.
Les ajoncs vêtus d'or, les bruyères en fleurs
Scintillent tout en vie, aux rayons de la lune.
Elle inonde les monts de ses fauves lueurs,
Les plateaux, les vallons, les pics, leur crête brune
Et les rochers géants, aux profils fabuleux.
Une douce fraîcheur ranime tout mon être.
Aux parfums de la lande, au tableau merveilleux
J'ai l'oubli d'un moment et je me sens renaître.
Ce répit, je le goûte en sa simplicité ;
Je suis dans l'insouci de la réalité.
Mon esprit nébuleux vaguement se promène,
Sans au juste savoir le pourquoi qui l'amène.
Repos d'âme et du corps qui va bientôt passer,
Ainsi que dans l'amour le souffle d'un baiser.
Brusquement réveillé, sur la montagne aride,
Pelée et sans parfum, tout seul et sans un guide,
Je jette autour de moi un regard attristé.
Perdu dans le chagrin au début de ma route,
Qu'elle ne suivra pas, je me suis arrêté.
Tout est nuage en moi, profondément je doute.
Comment me relever et comment réagir ?
Qui donc pourra calmer mon cruel souvenir ?

(Matérielle, jeune femme richement vêtue, les formes pleines, le regard satisfait et sans éclair, se présente au poète.)

MATÉRIELLE

Te voyant déprimé, je t'apporte mon aide.
Pour guérir tous les maux, je connais le remède,
Facile et doux moyen de savoir être heureux.
Je veux te l'enseigner, moi la Matérielle,
Qui fais mouvoir les sens de tous les amoureux.
Tu ne dois plus pleurer ton amante fidèle
Prise dans le néant ; tu ne peux l'y chercher.
Ne plane pas trop haut, sur terre il faut marcher,
Te gorger de plaisirs, renouvelés sans cesse,
Faire un dieu de ton corps et changer de maîtresse.
L'air tiède nous embaume, il incite aux langueurs :
Laisse-toi cajoler, si j'appelle mes sœurs,
Expertes à donner, d'une façon certaine,
Tous les divins bonheurs, toute la joie humaine.

LE POÈTE

Merci d'être venue à moi spontanément,
Je veux bien voir tes sœurs, mais les voir seulement.
Poète, je n'ai pas toujours l'humeur aimable,
Et dis-leur qu'à l'amour je suis invulnérable.
Tu peux les appeler, je les attends ici.

MATÉRIELLE

Elles viennent des rochers; regarde, les voici!

(L'Orgie, la Luxure, la Débauche apparaissent dans des costumes fantaisistes, très sommaires, et qui font valoir leurs formes. Elles chantent :)

> Débauche, Luxure et l'Orgie
> Nous voyageons de compagnie.
> C'est le même but qui nous lie,
> Et nous savons prendre la vie.
> Nous donnons aux mortels,
> Tous les bonheurs réels,
> Désirs perpétuels
> Et les plaisirs charnels.

> Portant le thyrse aux temps antiques,
> Ivres d'amour, vierges lubriques,
> Nous avons, aux fêtes bachiques,
> Donné nos transports frénétiques
> Aux satyres poilus,
> En célébrant Vénus,
> Le réjoui Bacchus
> Et le divin Phallus.

Toujours, de luxure enflammées,
Nous menons les danses pâmées,
Celles du ventre et des almées,
Très expressives, bien mimées.

La noce et les festins,
Champagne et les bons vins,
L'amour nuit au matin :
Voilà notre refrain !

L'Orgie

Pas trop mal, tu le vois ; c'est moi qui suis l'Orgie.
Je guéris les chagrins, je veux changer ta vie.
Mes baisers capiteux et nos joyeux ébats
Te feront oublier ta douleur en mes bras.
Ton mal, c'est ta raison ; chasse cette éhontée.
Dans l'oubli de ton corps, s'endormant aux chaleurs
De ton sang tout en feu, ton âme transportée
Gagnera le séjour des rêves enchanteurs :
Opium, vin haschisch, mes sublimes ivresses,
L'oubli, le paradis, dans toutes mes caresses !

Le Poète

Oublier mon amour, dans un trouble nouveau
Dénaturant mon âme, et n'être plus moi-même,
Tout à fait abruti, me mettre à ton niveau,
Ma fierté s'y refuse et garde ce qu'elle aime.

La Luxure

Et moi me fuiras-tu? Vraiment tu me fais peine.
Taillé pour les amours, bien doué, vigoureux,
Tu languis trop longtemps ; ta chasteté te gêne.
Admire mes beaux seins, mon corps voluptueux ;
Je brûle de t'avoir. Souple, ardente nature,
Je saurai t'exciter et m'enlacer à toi.
Je veux pouvoir donner à ton être en émoi,
Etranges, variés, mes baisers de luxure,
Raviver savamment tes extrêmes désirs
Et de tes sens pâmés, augmenter les plaisirs.

Matérielle

Il ne t'écoute plus, tu perds ton temps, ma chère ;
Un instant j'ai pu croire, à son œil enflammé,
Que tu l'avais conquis, et puis il s'est calmé.
Ma sœur Débauche, à toi ; montre ton savoir-faire.

La Débauche

Je suis la mieux douée et complète mes sœurs.
A moi seule je puis apporter les bonheurs :
De l'or à pleines mains, les festins magnifiques,
L'émotion du jeu, les propos graveleux,
Les superbes amours en d'adorables lieux,

La noce tous les jours et les folles maîtresses,
Le temps qui va joyeux, toutes les allégresses!
Poète tu te meurs et vas te consumant,
Viens renaître avec moi dans mon enchantement!

MATÉRIELLE

Décidément, mes sœurs, vous n'êtes pas heureuses
Dans vos regards calins, dans vos chants d'amoureuses.
Essayez de la danse, en ses bonds gracieux,
Faites parler vos corps, vos appâts plantureux.

*(Les trois sœurs, tout en chantant, exécutent la danse
lascive de Lesbos.)*

Dans la souple cadence
De nos corps animés,
Nos élans très rythmés,
Nos seins en évidence,
Dans nos bras enlacés,
Nos contours accusés,
Entre nous caressés,
Nous enlevons la danse
De Lesbos,
De Paphos
Et d'Eros!

Sapho, notre déesse,
Tout en feu, nous mimons
Tes folles passions.
Donne-nous ton ivresse,
Tes savantes leçons,
Tes lascifs abandons,
Toutes tes pamoisons.
A nous douces caresses

De Lesbos,
De Paphos
Et d'Eros !

LE POÈTE

Vos propos enflammés, vos langueurs, que m'importe.
J'aimerais mieux, très chaste, un baiser de la morte !
Je m'explique pourtant : vos tableaux, gracieux,
Vos rythmes cadencés, vos nudités plastiques,
Sans éveiller mes sens ont pu charmer mes yeux
Un moment et flatter mes vieux goûts artistiques.
Sans au revoir, adieu ! mon esprit va chercher
L'idéal que chez vous il ne peut approcher.

(L'Orgie, la Luxure, la Débauche se retirent.)

MATÉRIELLE

Ton esprit m'appartient, enfant de la matière
S'en 'allant avec elle, à son heure dernière,
Et n'ayant su goûter aucun bonheur réel.

LE POÈTE

Mon âme bien à moi se révolte et te brave.

(Ethérée, jeune vierge, au corps souble et gracieux, au regard limpide et lointain, apparaît au poète.)

ÉTHÉRÉE

Poète ! haut le cœur, tu te sais immortel,
Laisse-la pérorer, c'est une vile esclave,
Véritable poussier, sans un souffle divin,
Bonne pour le néant et qui discute en vain.
Sur l'ensemble du monde, exerçant ma puissance,
Je tiens en mon pouvoir ce qui vit, ce qui pense,
Lui donnant la maîtrise en lui donnant mon feu.
Vous et moi, nous régnons et nous sommes tous Dieu.
La matière n'est rien. Chaque être a l'étincelle,
Parcelle du grand tout, de l'essence éternelle.
Ce don sublime en garde, il faut le conserver,
Le maintenir intact et même l'élever,

Rapporter son esprit dans sa trempe nouvelle
Et revivre toujours la vie universelle.
Je suis sûre de toi; je t'ai vu refuser
Le plaisir dégradant et le honteux baiser.
Tu sais planer très haut, te complaire en ton rêve,
Bien triste, mais pourtant qui t'épure et t'élève.
Entends-tu dans les airs ce chant mélodieux
Lentement modulé, en descendant des cieux?
C'est le sublime chant des âmes azurées.
Fais silence, écoutons la voix des Ethérées.

(On entend le chant des Ethérées.)

Loin des bas appétits, dans les vastes séjours,
Légères nous planons, dans l'azur élancées,
Chantant les cris du cœur, les sublimes pensées,
Les nobles actions et les chastes amours.
Nous allégeant sans cesse, en remontant toujours;
Les brises du bonheur avec nous sont passées !

Mobiles dans les airs, nous suivons les zéphirs
Qui nous font redescendre et voler vers la terre ;
Doucement nous laissons notre empreinte sévère,
Eloignons les humains des vulgaires plaisirs,
Relevons leur travail, épurons leurs loisirs
Et laissons après nous un sillon de lumière !

Belles âmes, nos sœurs, au souffle radieux,
Quittez le sol grossier où tout choque et vous lasse ;
Venez à notre appel et vaguez dans l'espace.
Ensemble, en chœur, chantons les hymnes généreux,
Grisons-nous d'idéal et goûtons toujours mieux
Un éternel bonheur dans l'éternelle extase !

Le Poète

Suave mélodie arrivant du lointain,
Tu t'éteins lentement, dans la nuit, chant divin ;
Mon mal est moins amer et mon âme apaisée
Se retrouve. Je veux, poète créateur,
En beauté, hautement, affirmer ma pensée.
Le travail nous console et me rendra meilleur.
Parmi celles d'en-haut, dis-moi, bonne Ethérée,
Plane certainement ma morte vénérée.
Pourrai-je la chercher et dois-je la revoir ?
J'attendrai, s'il le faut, puisque j'aurai l'espoir.

Éthérée

Ton âme encore trop attachée à la terre
Peut-elle s'engouer de pareille misère ?
Dans l'évolution et la marche du temps
Ton amour trépassé n'est qu'un simple incident.
Tu dois voir bien plus grand. Tout semble disparaître
Pour revenir sans cesse et sans cesse renaître.

Le Poète

A-t-elle conservé sa personnalité,
Pouvant me reconnaître en mon identité?

Éthérée

Le souffle de l'esprit, qui chez toi se révèle,
Frissonnera toujours dans la vie éternelle.
Tu ne saurais comprendre cette admirable loi,
Sa raison, qui t'échappe, est au-dessus de toi.
Dans l'oubli du passé, félicité nouvelle,
Plus élevé, plus pur, un renouveau meilleur,
Les élans de ton âme et les émois du cœur
Te feront l'existence encore bien plus belle.

Le Poète

Alors si je t'entends, ne plus se souvenir
Et toujours en changeant, sans cesse revenir.

Matérielle (*intervenant*)

Ils sont bien consolants tes vertueux apôtres,
Rien pour les chers désirs, tout pour combler les autres;
Revenir pour souffrir et, toujours ballotté,
Donner ton âme aigrie à la communauté.

Avec eux tu seras à jamais un esclave,
Leur vrai souffre-douleur, ne pouvant s'échapper.
Avec moi, de tous temps, tu peux te libérer,
Avoir enfin la paix en brisant ton entrave.
J'apporte le néant qui guérit tous les maux :
Dédaignant mes plaisirs, viens trouver mon repos.

LE POÈTE

A l'emprise sur tout, vous voulez donc prétendre
Et disposer de moi. C'est assez vous entendre.
Mon abdication, repos perpétuel,
Voilà tout énoncé, le dilemme cruel.
Matérielle au loin, dans sa lueur sublime
Tu ne l'auras jamais la flamme qui m'anime.
Ethérée, écoutant ton parler généreux,
Je me laisse émouvoir, mais jamais je ne veux
D'idéal décevant aux vues impersonnelles.
Si sublime qu'il soit, je le vois autrement ;
Arrêtant mon essor, il a brisé mes ailes.
Je me révolte enfin et suis là m'affirmant,
Mon esprit m'appartient et pense tout le temps.
Mon cerveau créateur, de sa source féconde
Fait jaillir mon idée aussi vaste qu'un monde.
Ce que je dois sentir, je le sens vivement ;
Ma raison s'auréole en un pur sentiment.

C'est bien moi qui suis là, je ne suis pas un rêve :
Mon moi discute seul dans l'effort qui l'élève.
Mon chagrin est le mien lorsque pleurent mes yeux.
La matière n'est pas à mon âme imposée.
Elle sait bien vouloir quand elle dit : je veux.
Et mon moi je l'inscris du sceau de ma pensée!

(Ethérée et Matérielle se retirent.)

Le Poète

Maintenant je suis seul, bien en face de moi,
Le temps s'est refroidi ; dans la nuit qui s'avance
Je me sens tout transi dans mon cœur en émoi,
Et je faiblis, après mon accès de vaillance.
De mon dire je doute, est-ce bien l'évidence?
N'est-ce pas mon cerveau qui, dans son action,
A pu seul te créer, troublante fiction?
Je ne veux plus penser, assez de défaillance,
Et je t'aime quand même, ô belle Illusion!

(L'Illusion se présente devant le Poète.)

L'Illusion

Je viens, mon pauvre enfant, trouver ta solitude.
De consoler les cœurs j'ai la douce habitude.
Le tien a trop souffert, laisse-le reposer
Ainsi que ton esprit fatigué de penser.

Tu n'es pas un chercheur, reste le grand poète
Sublime, spontané. Suis ton impulsion,
Véritable lumière et qui te rend prophète.
Viens chanter avec moi ta chère illusion.
Pauvre désemparé, sans moi pourrais-tu vivre ?
Souverain antidote au réel décevant,
J'encourage la vie et permets de la suivre.
Je donne le bonheur, l'espoir à chaque instant.
Le projet généreux je le fais dans un rêve,
Peut-être follement, mais souvent il s'achève
Beaucoup mieux que celui dicté par la raison
Qui mollement tâtonne, agit sans passion.
Chassant l'ombre nocturne, au matin, dès l'aurore,
J'éloigne le passé. L'horizon se colore,
Le ciel en feu s'enflamme, un beau jour va venir.
Au soleil radieux je chante l'avenir !
Il s'éveille joyeux, dans la nature en fête,
Dans les rayons d'espoir que partout je reflète.
Je me prodigue toute, et chacun à son tour,
Je fais voir la durée au bonheur éphémère,
Je dore les lambris des logis de misère,
J'embellis le printemps, éternise l'amour !
De moi tous ont besoin et tous ont confiance.
Je suis la foi sincère et donne l'espérance
Et je veux contenter ton plus profond désir.
Ton regard, ta bonté m'ont conquise, charmée.

Tu verras, un moment, ta morte bien-aimée.
Des mystères d'en haut, tu vas pouvoir jouir.
Ouvre à nouveau ton cœur, que ton esprit s'éveille,
Tout en blanc, dans la nue, apparaît ta merveille.

(La Morte, d'abord à peine visible, s'approche du Poète; elle est vivement éclairée.)

Le Poète

Tu m'apparais enfin, plus belle qu'autrefois,
Après de bien longs jours. Est-ce toi que je vois
Qui m'arrive du ciel, ou ton ombre chérie?
Un vide nous sépare, approche, mon amie,
Je voudrais t'embrasser, t'étreindre contre moi.
Viens encore plus près, sors de l'épais nuage,
Que je te sache là, que j'entende ta voix
Et puisse contempler ton adoré visage.

La Morte

A tes tristes appels tout mon être a frémi,
De l'azur j'ai volé vers toi fidèle ami
Et t'embrasser serait un bonheur infini.
    Mais je ne suis plus de ce monde,
    Où tout est misère et douleur,
    Je l'ai quitté pour un meilleur.

Voyant ta peine si profonde
Mon âme, bien que vagabonde,
A volé vers toi, beau rêveur.
Errant à tes côtés, j'habitais ta pensée
Et soignais de mon mieux cette pauvre blessée,
Exaltant ton génie, avivant sa poussée.

De nos premiers aveux, ami, t'en souviens-tu?
J'étais bien jeune alors, mais tu m'avais tant plu
Que, serments échangés, tout fut bientôt conclu.
Te rappelles-tu nos ivresses
Et tous nos bons moments à deux?
Que j'aimais l'éclat de tes yeux
Quand je te rendais tes caresses!
Tu te jouais avec mes tresses
Et tu baisais mes blonds cheveux.
J'étais pour toi la Muse. En la nuit magnifique
Nous chantions tous deux notre chant symbolique,
Et dans les airs fluait la suave musique!

LE POÈTE

A ta voix je revis l'heureux temps du passé,
De nos chères amours. Puisque essence divine,
Tout à l'entour de moi ton souffle s'est placé,
Viens chez moi, tu verras dans mon humble vitrine

Tous mes chers souvenirs pieusement rangés,
Tes atours si coquets, tes charmants négligés,
Et dans un coin, bien triste, arrosé par mes larmes,
Un bouquet, le dernier, devant parer tes charmes.
J'ai pleuré bien souvent dans ta chambre : un autel !
Je n'y laisse jamais entrer aucun mortel
Mais, au soir, j'ouvre tout, par une nuit sereine,
Je compose en rêvant et j'épanche ma peine,
Je revois ton image en regardant le ciel.
Je n'ai plus ton beau corps ni tes appâts de reine,
Mais sur moi resplendit ton fluide immortel !

LA MORTE

Il te faut d'autrefois oublier ma personne,
Ma matière n'est plus, mais mon âme rayonne ;
C'est elle mon meilleur qu'à toi seul j'abandonne.
    Il va falloir la mériter,
    Mener à bien ton existence,
    Bravement et sans défaillance,
    Dispos, tous les jours travailler,
    Marcher suivant ta conscience,
    Etre bon, toujours t'élever !
Les temps sont révolus, mon destin me réclame.
Je serai toujours là pour attiser ta flamme.
Viens bientôt me rejoindre. Au revoir, ma chère âme !

Le Poète

Tu me quittes bien vite. Au revoir, âme sœur.
Ta forme ou bien ton ombre, de blanc toute vêtue
Disparaît à mes yeux, emportée en la nue.
Je n'ai plus de chagrin, la joie est dans mon cœur :
De te revoir toujours j'ai la ferme espérance,
Ta voix m'a convaincu, je reprends confiance.
Pour toi je chanterai. Mes vers harmonieux
Iront te retrouver dans les beaux azurs bleus !

L'Illusion

Me diras-tu merci ? Je me suis retirée
Pour ne pas déranger la tendre effusion
De vos amours. C'est moi qui te l'ai procurée.
Tu vois, je suis toujours la bonne Illusion.
Evoque-moi souvent dans le cours de ta vie
Et laisse-toi bercer par le rêve charmant.
Je sèmerai des fleurs sur ta route choisie
Et tu suivras ton but dans un décor riant.
Tu seras mon poète et je te ferai grand.

Le Poète

Toi, qui dans ma détresse, as su me soulager,
Merci pour tes bienfaits, ma noble protectrice.

Quand je serai bien bas, mon cœur en grand danger,
Accours à mon appel et viens me soulager.

(L'Illusion se retire.)

LE POÈTE

Encore une fois seul, aux bords du précipice.
La clarté est moins vive et la lune a pâli;
Annonçant le matin, le temps s'est refroidi.
Je me sens plein de force; au feu qui me dévore
Mon âme s'illumine et veut chanter encore.

Enthousiasme dis ce charme de mes yeux
Qui m'émeut et me prend. C'est toi belle nature
Revêtant les aspects les plus harmonieux.
La mer en sa fureur — le ruisseau qui murmure
Dans le vallon discret — les monts majestueux, —
Leurs vastes horizons, — les petits coins ombreux.
Epaisse, faisant nuit, la forêt magnifique. —
Dans la prairie, en pente, un vieil arbre artistique,
Les volcans enflammés, aux sanglantes lueurs. —
Les coteaux surchargés de raisins prometteurs.
Sciences et progrès! — L'ancienne habitude.
Noble cité des arts, dans toute sa plendeur,
Le hameau paternel, sa chère solitude.
Grands mouvements de l'âme et doux émois du cœur.
Il te faut d'autres buts à ton activité,

Homme de notre terre et maître incontesté,
Tu la secoues à fond. Ta farouche énergie
A triomphé de tout et partout fait la vie :
Toujours nouveau projet et nouvelle action.
Plus rien à faire ici pour ton ambition.
Ta pensée est immense et n'a pas de limite ;
Trouvant par trop étroit le séjour qu'elle habite,
Pousse à travers l'espace un désir orgueilleux,
Et les astres conquis, escalade les cieux !

Dans la nuit qui s'en va, ma chanson se termine.
Par le plus court je vais, descendant la ravine,
Retrouver mon chez moi, tout mon cher souvenir.
Mon logis éclairé, doucement me rappelle.
L'avenir me sourit. Je vais pouvoir dormir
Le corps, l'esprit au calme, et rêver encor d'elle !

LA NATURE IMMORTELLE

Sans limites, sans temps, j'ai toujours existé,
Ici, partout, je suis la Nature éternelle.
Les mondes, ce qui vit dans cette immensité,
Les plantes, animaux, l'homme, chaque parcelle
De ce qui me fait tout, ont l'immortalité !

Des éléments divers, de ce qui forme l'être
Rien n'est créé ; dans moi tous ont préexisté
En un même équilibre, en toute éternité !
Rien ne meurt, tout se change et cela pour renaître,
Toujours recommencer, c'est l'Immortalité !

Dans ma marche je suis sévère, inexorable
Et je ne connais pas la générosité.
Ne m'attachant jamais au détail négligeable,
Mes buts sont équilibre et continuité
Pour l'évolution dans l'immortalité !

LA VÉRITÉ

Déesse immaculée, un jour, la Vérité
Abandonna l'azur, pour visiter la terre,
Et perdit sa candeur en changeant d'atmosphère.
Vierge, elle se fit voir, en pleine nudité,
Aux humains se donna, dans toute sa beauté,
Et fut contaminée au contact délétère.

Par la plaine et les monts une femme s'enfuit ;
Son allure est superbe ainsi que son visage.
Les pays sont déserts, le long de son passage,
Et comme dévastés. Personne ne la suit.
Le passant qui, de loin, la voit en silhouette,
S'arrête tout tremblant et vite disparaît.
Les chiens hurlent la mort. Elle marche, inquiète
De l'accueil réservé. Partout on la connaît,
Et, tout à l'entour d'elle, un grand vide se fait.
Elle s'éloigne enfin de ceux qu'elle épouvante,
Le calme lui revient, la campagne est riante,
Elle y trouve en ces lieux bonne hospitalité
Et tous, jeunes et vieux, convoitent sa beauté.
Elle consent toujours, c'est la joyeuse fête.
Elle se donne à tous, mais jamais sans toilette
Et ne vibre d'amour que dans l'obscurité.

Mais un jour, par hasard, on la voit toute nue.
Quel spectacle effrayant se présente à la vue :
Un corps cicatrisé, purulent, empesté :
Victime des humains, c'était la Vérité !
De ce jour un fléau répandit son ravage ;
Le poison, puis la mort arrivait à grands pas ;
Aucune exception, ni de sexe, ni d'âge.
Partout, dans les clochers on entendait le glas.
Le deuil fut général dans toute la contrée.
Déesse as-tu quitté notre sol trop impur
Pour te purifier en regagnant l'azur
Et te reverra-t-on, un jour, régénérée ?

La vérité, chez nous, est un glaive tranchant
Prêt à donner la mort. Elle est sans retenue,
Fait naître les conflits par sa franchise crue.
L'homme l'a pervertie ; un mot d'elle souvent
Amène un cataclysme, un fléau foudroyant.
Il ne faut pas chercher à la voir toute nue !

LA BELLE JOURNÉE

———

Le Poète.
La Muse, la Gaieté.
La Maladie.
Le Souci.
Le Temps.
L'Indifférence.
Des Voix de Paris :

    Les Légumes.
    Les Fleurs.
    Les Badauds.
    Les Midinettes.

———

(Dans une chambre, au sixième, dominant Paris au Sud. Le Poète vient de se lever ; il est à sa fenêtre.)

Le Poète

De l'eau sur la figure est le meilleur réveil.
Je viens de me lever, au matin. Le soleil
Discrètement, craintif, dans ma chambre pénètre,
Me chauffe doucement. Je flane à ma fenêtre,

Un air pur m'envahit et, de très haut, je vois
Tout Paris qui s'étend, des coteaux à la plaine,
Des bâtisses partout, dômes, clochers, la Seine
Et, dans l'extrême Sud, tout au fond les grands bois.
Les autos encombrants et bien d'autres voitures
S'en vont dans tous les sens ; on entend les murmures
De la foule qui passe et puis, dans le lointain,
Les cloches de l'église et le sifflet du train.
Je t'admire, Paris, dans ton exubérance,
Le mouvement constant, l'excès de vie intense,
Le travail gigantesque et le plaisir après,
Le rut des passions, le choc des intérêts,
Un volcan concentré dessous la ville immense !
Je médite toujours et se passe le temps.
Le ciel est tout azur, mon chez moi s'illumine.
Sur les bords du grand toit s'étend la capucine.
Mais la voix de Paris jusqu'ici me relance
Dans ses chants du matin qui me font concurrence.

(On entend les Voix de Paris.)

Les Légumes

Le soleil a chauffé la terre ;
Nous tous, les légumes nouveaux,
Enfants de race potagère,
Nous nous étalons, frais et beaux.

Les poireaux,
Les carottes
Sont par bottes.
Les navets,
Guillerets.
L'oignon pleure.
Pois au beurre,
Petits pois,
Mets de rois.
On se gausse,
Pas des pois
Mais des rois.
Dans la sauce,
Petits pois
Et les rois.
De l'asperge aux melons,
Des choux-fleurs aux cardons
Tous les goûts nous flattons.

Nous sommes les primeurs, avides de lumière,
Et nous nous dépêchons de sortir de terre.
L'homme est gourmand : il nous espère.

LES BADAUDS

Nous nous appelons les Badauds ;
Toujours exacts à la consigne,
Que le temps soit laid, qu'il soit beau,
Nous savons flaner comme il faut.

Avec les pêcheurs à la ligne,
Nous piétinons au bord de l'eau,
Nous avons le bonheur insigne
De voir passer tous les bateaux.
    Nous sommes les Badauds,
    Nous sommes les Badauds !

Près de l'agent qui verbalise,
Au centre des attroupements,
Nous concluons avec franchise
Sans avoir vu les accidents.
Notre bon appétit s'aiguise
Devant les bonbons, les gâteaux,
Nous reniflons de gourmandise
Les bonnes odeurs des fourneaux.
    Nous sommes les Badauds,
    Nous sommes les Badauds !

Nous cherchons, le long de la Seine,
L'antiquaille et le vieux bouquin.
Mais passe le gentil trottin
Qui, le nez en l'air, se promène :
Ne courez pas à perdre haleine,
Ne courez pas, il fait trop chaud,
Restez avec nous à la traîne,
Ensemble on verra couler l'eau.
    Nous sommes les Badauds,
    Nous sommes les Badauds !

LES FLEURS

Fleurs du printemps, tiges mêlées,
A travers Paris nous allons.
        Nous chantons :
        Giroflées,
        Par volées.
        Les muguets
        Tout en fête.
        Les œillets
        De Poète.
Délices des parfums, lilas,
Aubépines, gerbes de roses,
Nous savons bien des choses,
Que l'on se dit tout bas.

Humbles bouquets de violettes
Simples, modestes, nous charmons,
        Parfumons.
        Midinettes
        Nous achètent.
        Tout le jour,
        Leur corsage
        Ne dégage
        Que l'amour.
Elles vont au métro, coquettes,
Prennent leurs glaces, leurs houpettes,
      Se mirent, puis le fard ;
      Voici le train, on part.

Le Poète

Très bien! Légumes, Fleurs, Badauds et Midinettes,
Bravo pour les couplets et pour les interprètes.
Mais écoutez aussi, j'ai fini ma chanson.
J'ai bien rangé ma chambre, aujourd'hui c'est la fête :
Ma muse la Gaieté vient trouver son poète;
Ma romance est pour elle et c'est moi le pinson :

(Le Poète chante.)

> J'aime ton front pur, sans nuage,
> Les ris charmants de ton visage,
> Tes cheveux fous, tes yeux calins,
> Ta peau superbe de jeunesse,
> Le marbre ému de tes beaux seins !
> J'aime ta fougue, ta souplesse,
> Ton entrain, ta vivacité,
> Ton regard rempli de caresse,
> Ton corps vibrant de volupté.
> Je t'aime toute, ma maîtresse,
> O toi ma Muse, ma Gaieté !

Eh bien! qu'en dites-vous, n'est-ce pas adorable?
Dans tous les cas, sans bluf, c'est assez présentable :
Parfois, je suis poète, artiste tout le temps;
Pas très riche, on le voit, mais jeune, bien portant.
J'aime beaucoup flaner et promener mon rêve
Toujours renouvelé, sans jamais qu'il s'achève.
J'ai l'esprit bien alerte et le cœur très joyeux.

Je ne suis pas toujours un être paresseux,
Je sais quand il le faut me donner de la peine
Travailler, tout au moins une fois par semaine.
Ma Muse m'a bien dit qu'il fallait besogner
Si je voulais vraiment, ce qu'on nomme gagner.
C'est juste un million, par cette époque chère
Si l'on veut pour un temps éviter la misère.
J'en suis encore loin, et mon petit avoir
Est formé seulement de gros sous au tiroir.
Mais je veux aviser : le travail de ma plume
Accouchera bientôt d'un énorme volume.
Etant de moi, ce livre aura le succès fou,
On se l'arrachera pour le vendre partout !
Avec tout cet argent, que pourrais-je bien faire ?
De Pérette le pot, et le voilà par terre...
Que m'importe l'argent si j'ai suivi mon art !
Je ne veux pas voiler ni ternir ma pensée,
Ma route se fera comme je l'ai tracée.
L'avenir est aux purs. Mon tour viendra plus tard.
Mais on frappe à ma porte. Entrez... Est-ce toi, Muse ?

(La Maladie, pâle ,décharnée, se présente.)

Le Poète

Elle est à faire peur. Que voulez-vous, intruse ?

LA MALADIE

Intruse si tu veux, je viens voir mes clients,
Je pénètre partout, je suis la maladie.
Je te vois rassuré, les yeux tout souriants;
Pourtant tu n'es pas bien et tu risques ta vie
A chaque heure du jour, en te soignant si mal :
Des excès par moments, un effort cérébral;
Tu ponds des vers à jeun, prends peu de nourriture
Et parfois, je le sais, tu boucles ta ceinture.
Tu n'as pour t'habiller qu'un léger vêtement.
« Ma tante » t'a pris tout jusqu'à ta couverture;
Jamais chez toi ne rentre un seul médicament.
Poète sans le sou, dans ta superbe allure,
Tu fais, pauvre niais, une triste figure.
Laisse là tes vers creux, ta Muse la Gaieté,
Vis comme tout le monde et sauve ta santé!

LE POÈTE

Je boirai, s'il le faut, volontiers à la tienne
Qui n'est pas très brillante, et garderai la mienne.
J'ai pâti bien des fois et je n'en suis pas mort,
Portant allègrement mon habit de misère.
Mon père m'a construit de solide matière.
Je prends du cresson frais pour la santé du corps.
Une secrète voix me dit tout bas : espère,
Espère, tes efforts seront récompensés,

Tes plus mauvais moments seront bientôt passés,
Espère en ton génie, espère en ta jeunesse!
Vois le brillant soleil. Sa divine caresse
Me pénètre partout. Je vis et me sens fort.
Je bous d'impatience, attendant ma maîtresse.
Va-t'en, gueuse; dehors!

La Maladie

Malheureux, suis ton sort.

*(La Maladie se retire. Par la porte laissée ouverte
entrent ensemble : le Souci, gringalet, au visage contor-
sionné; le Temps, qui se presse; l'Indifférence, massive,
apathique.)*

Le Poète

Pas même le loisir de refermer ma porte.
Ma Muse tarde bien. Le diable vous emporte
D'envahir mon chez moi! Que faites-vous ici?

Le Souci

Je viens te stimuler, mon nom est le Souci.
Ainsi, dans ce moment, tu te fais de la bile :
Tu l'attends; viendra-t-elle? Et tu n'es pas tranquille.
Ton ventre est bien léger, dîneras-tu ce soir?
Tu reçois ton aimée et vide est le tiroir.

Ta folle la Gaieté n'aime pas la misère...
A-t-elle un autre amour plus sûr et plus prospère ?
Il faut la surveiller — elle ne viendra pas. —
Elle est chez un ami. Pense au propriétaire,
Tu lui dois de l'argent et d'attendre il est las.
C'est le terme bientôt, as-tu le nécessaire ?
Ta Muse est-elle habile à repriser un trou ?
Ton vêtement en loque est béant par derrière.
Ton travail n'est pas prêt à porter au libraire.

Le Poète

Assez de cette rime, assez lon la, lon laire.
Allons, cela se gagne, encor la rime en aire.
Je supporte aisément tes conseils, tes leçons.
Tout cela n'est pour moi que simple bagatelle ;
Mais n'essaye jamais d'éveiller les soupçons
De mon cœur en émoi quand tu me parles d'elle.
Je crois à son amour, à sa fidélité,
Je sais qu'elle viendra, ma Muse la Gaieté.

Le Temps

Elle aura donc son tour, elle est bien de la revue
Ta gentille commère, ardemment attendue ;
Ici, je flane aussi, je suis pourtant pressé.
Tu prétends bien à tort qu'avec moi l'on s'arrange :

Je suis grand destructeur. Quoique vieux et cassé,
Je vois la fin de tout ; plus je vais, plus ça change.
A force de voir, rien ne saurait m'attendrir,
Je suis à fond blasé et ne peux pas mourir.
Je vais, ici, partout au lointain, dans l'espace,
Sans limites tous deux et sans retour je passe.
Je te suis mesuré, poète gaspilleur,
Qui perd tes plus beaux jours en semblants de bonheur.
Avant, pendant, après et durée infinie,
Je prise ce qu'il faut la valeur d'une vie.

LE POÈTE

La mienne est toute claire et je n'en peux rougir.
Fatalement je suis le sort commun aux hommes :
Vivre, souffrir, aimer, mourir. Tels que nous sommes
Mobiles et besoins pareils nous font agir.
Je souris maintenant, j'ai chanté ma souffrance
Au passé déjà loin. Je suis original,
J'ai changé, c'est humain. J'aime un grain d'idéal
Relevant quelque peu la banale existence.
Toi qui marches toujours, marche encore en avant,
Escalade les ans, de durée en durée.
Qu'importe les jours courts si mon rêve m'agrée.
Je veux vivre ma vie et mon rêve en chantant.
Encore une à parler, est-ce bien la dernière?
Ma foi c'est la revue au soir d'une première.
Et toi, la belle enfant, que viens-tu reprocher ?

L'Indifférence

D'avoir daigné répondre à toute cette engeance
Qui donne des conseils et ne sait qu'éplucher.
Il fallait ton mépris et mon indifférence.
Ton être vibre trop de toutes les façons.
Veux-tu toujours souffrir en déployant les ailes?
Tu ne peux que gagner, en suivant mes leçons :
Ne jamais t'émouvoir, être sans étincelles.

Le Poète

Qu'entends-tu, réponds-moi, par ne pas s'émouvoir?
C'est un calme complet du matin jusqu'au soir,
C'est la fraîcheur plutôt tout auprès de ma Muse,
Et vivre sans éclat, de même qu'une buse.

L'Indifférence

Voir le bien, voir le mal, s'en désintéresser,
Passivité du cœur, ne pas sentir son âme,
Retenir ses élans, toujours à soi penser.

Le Poète

Alors c'est le néant, c'est étouffer sa flamme,
S'éveiller au matin sans projet d'avenir,
Supprimer un beau rêve, ainsi que le désir,
Quand il faudrait parler, c'est lâchement se taire,
Ne pas se révolter et puis tout laisser faire,
N'avoir pas d'idéal, ne pouvoir s'enflammer,
Rire de la douleur et ne jamais aimer !
Mais les oiseaux grisés, dans l'air battent des ailes,
Amoureuses, les fleurs se mélangent entre elles,
Frémissant sur sa base éclate le volcan,
La rivière déborde et se change en torrent.
L'astre du jour s'anime et cause avec la terre,
Le vent déchire l'air et ne fait que gémir,
La mer en sa fureur ne cesse de mugir.
Tout vibre et tout s'émeut dans la nature entière,
Comment, mon pauvre cœur, pourrais-tu bien dormir ?
Il se plaint, il bondit et ne peut s'abstenir,
Il ne te connaît pas, stupide Indifférence.
Il sait pouvoir souffrir, renaître à l'espérance.
Il se chauffe au soleil des pensers généreux
Et son chant, toujours pur, s'élève jusqu'aux cieux !
Je m'emballe, je crois, et c'est drôle vraiment.
Allons, vous tous, dehors, que vous chasse le vent !

Le Temps

Il faut me ménager.

Le Poète

Je n'en ai pas le temps.

(Le Poète pousse un peu vivement tous les intrus dehors et laisse la porte ouverte.)

Le Poète

Vite un bon courant d'air, ça sent l'affreuse bande.
Du sucre avec la porte ouverte toute grande.
Me suis-je dépensé, et cela vainement.
Ah! dans l'escalier, j'entends elle chantant.

(La Muse la Gaieté, éblouissante de grâce et de jeunesse, tout en chantant, arrive à la chambre du Poète et saute à son cou; elle dépose ses fleurs.)

La Muse

Dans ma robe légère,
    Lon laire,
Je suis ma foi très bien,
    Lon lin!
Joyeuse je m'amène,
    Lon laine,
Des fleurs tout plein les bras,
    Lon la!
J'embrasse mon Poète,
    Lon lète,
Qui ne s'en fâche pas,
Qui ne s'en fâche pas!

Le Poète

Je t'aime toute, ma maîtresse,
O toi ma Muse, ma Gaieté,
O toi ma Muse, ma Gaieté!

La Muse

Très bien! très bien la fin. Je rime avec caresse,
Puis à ma grande honte avec la volupté.
Risqué le marbre ému, tu vas me compromettre
Si l'on me chante ici; comment vais-je paraître?

Le Poète

Si tu le veux, je vais déchirer ma chanson;
C'est un peu de mon cœur s'en allant avec elle.

La Muse

Ne la supprime pas, garde-la telle quelle.
Laisse là ton chagrin, mon cher petit pinson,
Je trouve tout très bien dans ton si doux langage.

Le Poète

Je serai, chère Muse, une autre fois plus sage.

LA MUSE

Bien trop bonne, ta Muse. Elle vient pour prêcher,
S'humanise par trop et ne tient pas son rôle.
En te voyant chagrin et la mine si drôle
Elle cède toujours et ne peut se fâcher.
Mais je veux maintenant avoir du caractère.

LE POÈTE

Tes yeux te trahiront.

LA MUSE

                    Non, je serai sévère.
Il faut que les rapports soient fixés entre nous
Et nous ne devons pas agir comme des fous.
Partageant tes plaisirs, je suis bien ta maîtresse.
Je t'aime, mais apprends que toute ma tendresse
N'est pas attrait des sens ; faite de dévouement,
Elle est aussi pour toi le réel stimulant
Qui, tout avec le charme, élève ton génie.
Je t'ai pris tout en pleurs, ton âme à l'agonie,
Tu l'aimais follement, ta Muse la Douleur ;
J'en étais très jalouse et la trouvais bien dure.
Pour elle tes sanglots, tes accents faisant peur.
Tout m'attirait vers toi, dans ta pauvre figure.

J'avais beaucoup de peine en te voyant souffrir.
Je t'ai sauvé de toi, je t'ai délivré d'elle.
Mon amour dévoué t'a permis de guérir.
Mon Poète, dis-moi, peux-tu t'en repentir?
Avec plus de fraîcheur, je suis tout aussi belle!

LE POÈTE

Le regard de ton cœur a passé dans tes yeux,
Eclairant ta beauté toute faite de grâce,
Et ta forme se meut en charme harmonieux.
Je t'aime à la folie et je reste en extase.
Bien plus que mon amante, ô ma divinité,
Tu t'infiltres en moi, je sens que je m'élève,
Ma douce conseillère, admirable en bonté.
Je me complais en toi qui fais planer mon rêve;
Pourquoi réveiller mon passé si lointain?
Tu n'es pas dans la note, ô Muse, ce matin.
Regarde le ciel pur, la superbe journée,
Elle incite au plaisir, aux doux chants, à l'amour.
Je suis tout frémissant de la joie amenée
Par toi, par le soleil en mon humble séjour,
Heureux de recevoir, de conserver peut-être
Son rayon de gaîté. Viens près de la fenêtre,
Considère Paris dans son immensité;
Ses efforts si lassants, toute sa turpitude
Sont pour nous qui planons, bien grande pauvreté.
Je préfère avec toi la chère solitude.

La Muse

Tu n'aimes pas Paris et je comprends ta peur
D'être précipité dans la grande fournaise ;
Mais, du monde s'enfuir n'est pas beaucoup meilleur.
La vie si douce à deux nous charme, nous apaise ;
Mais il faut s'en distraire et ne pas l'enfermer.
L'absence et le retour nous font mieux nous aimer.
En restant loin de tout tu ne peux rien apprendre,
Nécessaire aliment pour un esprit chercheur,
Ton génie a besoin d'un cadre pour s'étendre.
Le manque de contact te rendrait trop rêveur,
Tu reviendrais bien vite à la mélancolie.
Estime notre amour, rien ne lui fera tort ;
A la comparaison il deviendra plus fort
Et, loin des songes creux, laisse faire ta vie.
Pense à moi quelque peu, j'aime ma liberté,
Je suis folle, il est vrai, mais fidèle et très sage.
Je ne puis roucouler dans la meilleure cage.
Je veux vivre au grand air et semer ma gaîté,
Par ci par là, partout avec mon grand Poète,
Qui n'a pas un regard pour ma belle toilette.

Le Poète

Charmants le gai plumage et le petit oiseau ;
Il peut chanter ici, s'échappér à toute heure,
Revenir, s'il le veut, à la pauvre demeure.

LA MUSE

Telle je la préfère au plus joli château ;
Pour venir la trouver, je forcerai mes ailes.

LE POÈTE

La joie et le bonheur rentreront avec elles.
Je t'ouvrirai la porte à l'heure du retour,
Le cœur épanoui, tout palpitant d'amour.
Mais cessons de voler et revenons sur terre.
Il faut manger, hélas et manger à sa faim,
Et rien dans mon placard pouvant la satisfaire
Qu'un peu de chocolat, un petit bout de pain.
Mais j'ai prévu le cas, ma pauvre prisonnière,
Je vois ton doux regard s'égarer au lointain :
Avare de mon bien, mais garde peu sévère,
Tu veux t'évaporer, allons, prenons le train
Et près de la rivière une aimable guinguette
Saura nous accueillir. Ta mise est si coquette
Qu'il faut bien te montrer. Regarde à l'horizon
La masse des grands bois de Clamart et Meudon :
C'est là qu'il faut courir dans ta belle toilette.

LA MUSE

Tu devines toujours, ton cœur est ta raison ;
Mais avant de partir, écoute ma chanson :

LA MUSE (*chantant*)

Le soleil et le cœur en fête,
Joyeuse, au bras de mon Poète,
        Vers les bois nous allons,
        Vers les bois de Meudon.
Je te quitte, chambre coquette ;
Sincèrement, je te regrette.
        Ce n'est pas l'abandon,
        Nous te reviendrons.
        Ne pleure pas, ô ma chambrette,
                Au revoir,
                A ce soir !

Près de ta loge, ô ma pipelette,
Tu viens de tailler ta bavette ;
        Malgré ton air grognon,
        Très bas nous saluerons.
Pense à nous mais ne t'inquiète
Du tard retour après la fête :
        Nous te réveillerons
        En tirant le cordon.
                Au revoir,
                A ce soir !

Je m'en vais, belle capucine
Qui gaiement vers les toits chemine ;

Etends tes floraisons
Et cause aux papillons;
Conte tout bas à la voisine
Qu'il est à moi. Ça la taquine
Notre amour sans façons,
Tous nos baisers mignons.
Dis-lui pour nous, ma capucine:
Au revoir,
A ce soir!

LE POÈTE

J'aime entendre ta voix s'épandant en tendresse
Répéter au couplet le doux chant du retour;
Le charme exquis du soir après l'éclat du jour.
Tu m'as fait un autre homme, ô Muse, ma maîtresse.
Ta beauté m'a conquis, mais ta persévérance
Inlassable en bonté m'a montré mon chemin :
Vivre sa vie au mieux et sans indifférence,
Prendre en elle le bon, sans penser au Destin;
Elever haut son âme en fuyant le vulgaire,
Mais sans exagérer, en cherchant le contraire,
Ne pas pleurer trop fort, ne pas se désoler,
Faire chanter son cœur, toujours l'ensoleiller!
Mais assez discourir, allons viens, ma compagne,
La journée est superbe, et vive la campagne,
Les fleurs et les grands bois. Chambre aimée, au revoir.
Ivres d'air et d'amour, tu nous verras ce soir!

LA PITIÉ

(Extrait de l'Oasis)

―――――

(A mesure que nous approchions, les plaintes, venant de la terre, devenaient de plus en plus distinctes.

La Pitié et ses compagnes étaient là aux écoutes, tout émotionnées, et pleuraient devant tant de misères.)

L'Aliéné

Pour mon seul horizon,
    La prison !
Gueul' pas, ferme ta bouche,
    Ou la douche !
Tu dis n'être pas fou,
    Sous verrous !
Allons, fais la risette,
    Ou disette !
Tes lueurs de raison,
    Cabanon !
Refus au morticole,
    Camisole !
Outré, rouspètes-tu,
    T'es battu !

Peux-tu voir ta famille,
Qui te pille !
Pour X t'as trop vécu,
T'es fichu !
Pour toi seul, sans défense,
La souffrance !
Grâce, pitié pour nous, pauvres abandonnés,
Vivants, nous sommes morts, nous, les aliénés !

LES ANIMAUX

Animaux, martyrs que nous sommes,
Sur terre les déshérités,
A tous moments persécutés,
Nous souffrons dans l'enfer des hommes,
De leurs besoins et cruautés.

Gibier fusillé dans la plaine,
Oiseaux englués dans la poix,
Cerfs poursuivis dans les grands bois,
Atteints, succombant, hors d'haleine,
Pitié, nous sommes aux abois !

Nous, animaux de boucherie,
Du bœuf puissant au faible agneau,
Pressés dans des wagons, sans eau,
Sans air, menés à la tuerie,
Nous attendons masse et couteau !

Mutilés, triste marchandise,
Nous tous que l'homme a désexés,
Coqs emboqués, les yeux percés,
Nous assurons la gourmandise
De tous les gens qui sont blasés.

Fourbus, il faut marcher quand même,
Chevaux battus férocement,
Nous succombons sous la charge extrême.
Après le travail accablant,
Nous n'avons pas notre content !

Suant de peur et de souffrance,
Blessés par les coups du taureau,
Boyaux rentrés dans notre panse,
Sanglants, nous partons à nouveau
Faire retrouer notre peau !

Quand finira notre misère ?
Quand nous serons tous disparus
De la surface de la terre.
Plus d'appétit à satisfaire.
Pitié pour nous, n'engendrons plus !

LES HOMMES

Sur le seuil de l'église, enfants on nous laissa.
Le martyre pour nous aussitôt commença.
Corps bleui par le froid, la figure gelée,
Notre âme était bien près de prendre sa volée.
Nous devions souffrir, la mort nous dépassa.

Mes deux enfants sont morts, sans baisers de leur mère,
En héros succombant, dans un combat fatal.
Veuve, je n'avais qu'eux. Que ferais-je sur terre ?
Moi, vierge, s'est enfui mon rêve virginal.
Ton fils, mon seul amour, m'est ravi par la guerre.

Innocent, je gémis au fond d'une prison,
Je suis maudit de tous, sur un simple soupçon.
Moi je fais peur aux gens, tant je parais minable.
Moi je suis déjà mort, j'ai perdu la raison.
Moi je suis pauvre, infirme et me sais incurable.

Par la nuit, par le froid, j'ai marché tout le temps.
Lassé, j'ai bien cherché : pas d'ouvrage à la ville ;
Je ne peux plus penser, je suis comme un dément ;
J'ai le ventre très creux et je n'ai pas d'asile,
Comment calmer ma faim, où dormir un moment ?

J'ai perdu tous les miens, je suis seul sur la terre,
La vieillesse est venue et les infirmités;
Mes forces ont faibli. Ame et corps sont voûtés,
Je suis mort dans la vie et plus rien je n'espère :
Mon cœur saignant encore a trop eu de misère.

Au physique, au moral dans notre humanité,
Le sort par trop commun est douleur et souffrance.
A ceux atteints, frappés par la fatalité,
Aux malheureux meurtris, souvent sans espérance,
Donnez votre pitié, toute votre bonté!

LA PITIÉ

Vos sanglots, mes enfants, et vos cris de douleur,
Sont venus jusqu'à moi. C'est par trop de souffrance:
Bouleversée, émue au plus profond du cœur,
Je viens vous consoler, vous donner l'espérance.
Faibles de corps, d'esprit, mal nourris, malchanceux,
Cœurs endoloris dont le chagrin persévère,
Enfants abandonnés et vieillards souffreteux,
Pauvres fous enfermés, ahuris et peureux,
Tous traînant votre croix trop lourde sur la terre;
Animaux résignés dont l'existence entière
Fait frémir, écoutez, vous tous les miséreux:
Dans le cœur humain, fait d'une roche profonde,
A pénétré soudain l'éclair audacieux.

De la pierre jaillit une source féconde,
Source de la pitié. pour tous les malheureux.
Elle débordera, liquide généreux,
Etanchera la soif de misère en ce monde!

LA FANTAISIE

La Fantaisie.
L'Ennui.
L'Art.
La Réclame.

(Après un bon repas, l'Ennui dort dans un fauteuil.
Sa femme, la Fantaisie, jeune et gracieuse, le considère
avec mépris.)

La Fantaisie

Il a trop bien mangé. Va-t-il ronfler encor ?
Rien qu'à le regarder, je baille et je m'endors.
Il est pis éveillé. C'est une lourde masse
Qui, dans l'oisiveté, se roule et m'embarrasse.
Tous les jours sont ainsi, demain comme aujourd'hui.
Je me meurs de chagrin, c'est la monotonie,
Un vrai détachement des beautés de la vie.
Il voudrait bien me voir être telle que lui.
Il ne sourit jamais ; sa figure est glacée,
Le regard est stupide, atone et sans pensée ;
Le voilà présenté : c'est mon époux l'Ennui.
Faudra-t-il donc que moi, la belle Fantaisie,

Je passe tous mes jours en triste compagnie?
J'aime toute finesse et vais l'agrémentant,
J'adore l'imprévu, la toquade nouvelle,
Je sais bien rehausser un simple sentiment,
Je lui donne du ton et puis je le cisèle.
D'un rien je fais un tout et ce tout est charmant.
Je m'étiole ici, dans cet appartement
Où séjourne l'Ennui. Ce gros homme m'agace;
Vautré dans son fauteuil, va-t-il quitter la place?
Comment le réveiller? Il dort profondément
Et j'attends mon aimé, celui qui me console :
L'Art, mon souverain maître et dont je suis l'idole.
Allons, j'ai le moyen, un moyen naturel
Pour l'éveiller enfin, sans le mettre en colère,
Quelque chose de gai; lisons l' *Officiel.*

*(La Fantaisie va chercher le « Journal Officiel » et
le lit à haute voix:)*

Complément à la loi de l'an cinq, de Brumaire,
Autorisations, profils, alignements,
Ouvertures, souffrance aux divers bâtiments,
Hauteur, dimensions, service de voirie...

*(L'Ennui, après avoir baillé, ouvre les yeux et se
réveille en souriant.)*

L'Ennui

Je me sens guilleret, lis toujours, je te prie.

La Fantaisie

Je lis depuis longtemps, mais tu dormais si bien ;
Tu t'alourdis par trop et tu deviens sanguin.
Tu sais que l'on t'attend, allons, lève-toi vite,
Je suis très occupée, il faut que je te quitte.

L'Ennui

Alors encor dehors pour chercher l'imprévu,
Tu ne tiens pas en place, éternelle bougeotte.
Ton esprit suit ton corps, il faut qu'il trotte.
Un changement quelconque est toujours bien venu ;
Pourquoi tant varier, c'est si bon l'habitude ?
Assieds-toi près de moi, nous ronflerons tous deux ;
Digérer en commun, c'est la béatitude,
Que veux-tu donc de plus pour être bien heureux ?
Un silence constant, le temps passe quand même,
Tu recherches à tort dans la vie un problème.
Rien n'est beau, rien n'est laid, tout me semble pareil :
Bien manger et bien boire, après c'est le sommeil.

La Fantaisie

Puis, de l'*Officiel* savourer la lecture...

L'Ennui

C'est pour moi le matin le seul plaisir qui dure.
J'y pense maintenant, c'est la Chambre aujourd'hui :
Les députés font fête à leur ami l'Ennui.
On attend après moi pour ouvrir la séance ;
Je me sauve presto, ma chère, bonne chance !
Je ne rentrerai pas. C'est reprise à la nuit.

La Fantaisie

Prends garde aux courants d'air. Tu n'es pas excusable
D'abandonner ta femme. A ce soir, gros calin.

L'Ennui

Seule tu seras mieux, au lit jusqu'au matin.
Aux orateurs, la nuit, je suis indispensable,
Là-bas je règne en maître, au revoir, à demain !

*(L'Ennui s'en va. La Fantaisie tire les rideaux, ouvre
la fenêtre et se mire dans la glace en arrangeant sa
coiffure. Une grande clarté pénètre dans la chambre.)*

La Fantaisie

De l'air, encor de l'air, je me sens vivre enfin.
Salut, divin soleil ! Au diable, Ennui morose,
Ne reviens jamais plus ! Je t'attends, bien-aimé.

Auprès de toi, mon Art, je me métamorphose,
Je m'émeus et m'élève, au contact enflammé.
Il doit être tout près, craint triste compagnie
Et veut être bien seul avec sa Fantaisie.
Tiens, j'entends son signal, un air sur mirliton :
Tu peux venir, ami, vite je te réponds.

*(La Fantaisie prend un mirliton sur la cheminée et
chante, l'air : « Bon Voyage, M. Dumollet.»)*

LA FANTAISIE (*écoutant*)

Il monte, mon cœur bat, suis-je vraiment jolie?

*(L'Art, jeune et beau comme Apollon, se présente, en
chantant la romance de Musset:)*

> Je fais ce que ma Fantaisie
> Veut m'ordonner.
> Et je puis, s'il lui faut ma vie,
> La lui donner.

Mourir pour toi c'est doux, mais bien plus doux de vivre,
De t'aimer dans ton souffle et de toujours te suivre
Par les jardins fleuris, dans un rêve d'amour.
Mais un baiser vaut mieux que le meilleur discours.

(Ils s'embrassent.)

LA FANTAISIE

A te serrer sur moi je me sens transportée;
Que tu me parais beau, ton regard est ardent.

L'Art

Quel délice, un baiser sur ta peau veloutée,
J'y mets tout mon amour, et tu sais qu'il est grand !

La Fantaisie

Et moi, mon bien-aimé, c'est toi seul que j'adore.

L'Art

Tu m'inspires, déesse, et je suis transformé
Au cristal de ta voix. Mon talent se colore
Et mon esprit s'affine à ton contact aimé.
Loin des sentiers battus, mon horizon s'élève ;
Dans ton exquisité tu fais marcher mon rêve,
Tu vas de fleurs en fleurs, tu grandis ton amant,
Actives sa pensée et le vrai sentiment
Tu lui donnes la vie. Une forme nouvelle
Avec toi s'harmonise, à ton souffle étincelle.
Je te suis, je m'envole et je plane toujours,
Je me vois resplendir aux feux de ton amour.

La Fantaisie

Je t'inspire, il est vrai, mais brillant, tu composes ;
Ma pensée est en toi, tu la métamorphoses ;

De notre union naît la finesse en beauté.
Tu m'enchantes, mon Art, mon divin interprète,
Peintre qui sait créer, adorable poète
Aux vers venant du cœur dans leur simplicité.
Musicien, dont l'œuvre éclate de génie,
J'aime entendre toujours ta douce mélodie,
Echo de notre amour, qui se montre fécond.
Reste toujours pour moi le joyeux compagnon,
Gardons la note gaie, en même temps choisie,
Délicate toujours ; je suis la Fantaisie,
J'ai l'horreur du poncif et de la gravité,
Du morose savoir, de la grandiloquence
Epaississant une œuvre, de l'aridité.
Il faut de l'intérêt, toujours le stimuler,
Et comme mon mari ne pas faire bailler.

L'Art

Son fauteuil, toujours là, maintenant solitaire,
Garde l'*Officiel,* qui saura bien se taire.
Avec ses députés, il est très bien là-bas.
Profitons de l'absence : on ne baillera pas...
Nous avons pu te prendre, ô siège respectable,
En nous serrant tous deux, bien près, entre tes bras.
L'amour se pimentait en ce jour mémorable.

LA FANTAISIE

Tu m'embrassais bien fort et tu ne ronflais pas.

L'ART

Il est toujours vacant, la place est encor chaude.
Allons nous y nicher, bien calins, bien joyeux :
C'est très bon, tu le sais, de faire la maraude...
Un bon baiser, veux-tu, sur ton cou, tes cheveux ?

LA FANTAISIE

Allons, Monsieur mon Art, soyez plus sérieux.
Du haut de ce fauteuil, la pudeur vous commande.
Donne-moi ton baiser, je t'en donnerai deux.

L'ART

Je t'en donnerai trois, je te sais si gourmande.
Allons, j'entends frapper; qui vient nous déranger ?
Envoyé par l'Ennui, peut-être Bérenger ?

LA FANTAISIE

Il faut nous bien tenir.

(La Réclame, qui a ouvert la porte, reste indécise sur le seuil; elle est richement vêtue.)

La Fantaisie

Veuillez entrer, Madame.

La Réclame

Je viens chercher mon Art, moi qui suis sa Réclame.
Il se perd près de toi, gaspille son talent,
Sans en tirer profit. Tu feras sa misère.
Es-tu fière vraiment d'avoir si piètre amant ?
Tu ne peux deviner ce que je viens de faire.
Aux portes du Palais j'ai rencontré l'Ennui,
Qui me dit : « C'est campo, pas de Chambre aujour-
— Eh bien ! rentrez chez vous, la belle Fantaisie [d'hui.
Avec son tendre amant y mène douce vie. »
Malgré son épaisseur, sa cervelle a compris ;
Il s'en fut lourdement, en disant : « Je le suis ! »
Cher Art, ne l'attends pas, il est très en colère ;
Je n'ai pas dit ton nom, je viens pour te soustraire
A sa juste vengeance. Allons, partons tous deux,
Je serai tout pour toi, je ferai ta fortune.
Il ne faut pas toujours rêver au clair de lune,
Le talent est très bien, le commercer vaut mieux.
Laisse là l'idéal, ta pauvre Fantaisie,
Si tu veux de l'argent, sais comprendre la vie.

La Fantaisie

Va, laisse-toi tenter, ta Réclame t'attend
En ses riches atours. Tu seras son amant,
Eloigne mon amour qui poussait ton génie
Par les libres chemins que suit ma fantaisie.
Deviens un commerçant, tu seras cousu d'or.
Allons, décide-toi. J'ai mon cœur qui bat fort !

L'Art (*chantant*)

Je fais ce que ma Fantaisie
Veut m'ordonner.
Et puis, s'il lui faut ma vie,
La lui donner.

La Fantaisie

Très bien, mon Art aimé, c'est Musset qui t'inspire.
(*Montrant la porte à la Réclame :*)
Voyez la porte là ; rien de plus à vous dire.

La Réclame

Je saurai me venger, j'irai chercher l'Ennui.
Vous ne pouvez sortir, je remonte avec lui.

(*Elle se retire, furieuse.*)

La Fantaisie

Mon ami, sauvons-nous, il nous faut disparaître.
Auprès de la maison, j'aperçois mon mari ;
Il va monter bientôt. Comment sortir d'ici ?

L'Art

Il nous reste les toits, passons par la fenêtre.
Te sens-tu courageuse ?

La Fantaisie

      Avec toi, mon bel Art,
Je passerai partout. Fuyons cette atmosphère.
J'entends l'Ennui monter. Au funèbre regard
Qu'il te décocherait, au contact délétère
Tu serais foudroyé, la mort au même instant.
Passe devant, veux-tu ? dépêchons, il est temps !

*(Pour fuir l'Ennui et la Réclame, l'Art et la Fantaisie
passent par la fenêtre et escaladent les toits.)*

L'Art

Enjambons.

LA FANTAISIE

Enjambons, menons ma fantaisie
Au delà du banal, vive la poésie!
Ne regardons pas trop, ma tête tourne un peu,
Mes yeux au firmament, c'est assez bas la terre.

L'ART (*sur le toit*)

Mi-a-ou! mi-a-ou! comme le ciel est bleu.

LA FANTAISIE

Mi-a-ou! je te suis, gentil chat de gouttière!

= *FIN* =

Table

—

IMPRIMERIE GÉNÉRALE DE RENNES

ERRATA

Page 20, 6e vers, *au lieu de* : L'inférieur, *lire* : L'infirme.

Page 24, 11e vers, *au lieu de* : la porte, *lire* : notre porte.

Page 39, 2e vers, *au lieu de* : la frontière, *lire* : notre frontière.

Page 39, 18e vers, *au lieu de* : Par là, douce mort, *lire* : Par l'apaisante mort.

Page 49, 12e vers, dans ce vers, *supprimer* : un peu.

Page 50, 1er vers, *au lieu de* : jour de souffrance, *lire* : jour de la souffrance.

Page 51, 1er vers, *au lieu de* : ton audace, *lire* : ton entrain.

Page 58, 19e vers, *au lieu de* : Académicien, en habit, *lire* : En académicien, dans l'habit.

Page 62, 2e vers, *au lieu de* : troisième, *lire* : en troisième.

Page 63, 3e vers, *au lieu de* : ta fierté, *lire* : et ta fierté.

Page 64, 12e vers, *au lieu de* : foyer, *lire* : un foyer.

Page 67, 4e vers, *au lieu de* : Souffles printaniers, doux regard, *lire* : Les souffles printaniers, son regard.

Page 68, 7e et 8e vers, *ajouter* : un devant hasard, et une à la place de la, devant troisième.

Page 69, 14e vers, *au lieu de* : Mais un jour vint, *lire* : Mais son cœur s'attendrit.

Page 74, 5e vers, *au lieu de* : Que mon âme est inquiète ! *lire* : Mon âme est inquiète !

Page 86, 7e vers, *au lieu de* : cesse, *lire* : va cesser.

Page 92, 21e vers, *au lieu de :* C'est accordé, *lire :* Accordé.

Page 105, 8e vers, *au lieu de :* Et les jours, *lire :* Les heures.

Page 116, 1er vers, *au lieu de :* des rochers, *lire :* d'en haut.

Page 132, 18e vers, *au lieu de :* L'ancienne, *lire :* La bien douce.

Page 141, 20e vers, *au lieu de :* terre, *lire :* de la terre.

Page 152, 5e vers, *au lieu de :* Ah ! *lire :* Des pas.

Page 169, 7e vers, *au lieu de :* il faut qu'il trotte, *lire :* il faut toujours qu'il trotte.

Page 173, 13e vers, *au lieu de :* de l'aridité, *lire :* en son aridité.

www.ingramcontent.com/pod-product-compliance
Ingram Content Group UK Ltd.
Pitfield, Milton Keynes, MK11 3LW, UK
UKHW022021170726
13837UKWH00001B/329